Belgischer Schäferhund

◇

Dr. Robert Pollet

Inhaltsverzeichnis

PraxisRatgeber
Belgischer Schäferhund

ISBN 3–89860–006–8
bede-Bestell-Nr. PR 067

bede

80

Die tägliche Pflege Ihres Belgischen Schäferhundes

Lernen Sie alles über die Grundlagen einer vernünftigen, art- und altersgerechten Ernährung, über den benötigten Auslauf, die Haarpflege, das Reisen mit Ihrem Hund und die Kennzeichnung Ihres Belgischen Schäferhundes.

Fotonachweis

alle Fotos Isabelle Francais
mit zusätzlichen Aufnahmen von

Norvia Behling	Dwight R. Kuhn
T. J. Calhoun	Dr. Dennis Kunkel
Carolina Biological Supply	Mikki Pet Products
David Dalton	Phototake
Doskocil	R. Pollet
James Hayden-Yoav	Jean Claude Revy
James R. Hayden, RBP	Dr Andrew Spielman
Bill Jonas	Riitta Tjörneryd
Alice van Kempen	C. James Webb

Illustrationen Renée Low

Original Title: Belgian Shepherd
© Copyright 2001
Animalia Books, S. L.
German Edition:
© Copyright 2002
bede-Verlag GmbH
alle Rechte vorbehalten

Fachliche Mitarbeit:
Katharina Schlegl-Kofler

98

Die Erziehung Ihres Belgischen Schäferhundes

Charlotte Schwartz
Informieren Sie sich über die Bedeutung der Erziehung von der Stubenreinheit bis hin zu den Grundkommandos („Sitz", „Platz", „Bleib", usw.). Lernen Sie, wie Sie die Entwicklung des jungen Hundes sinnvoll nutzen können.

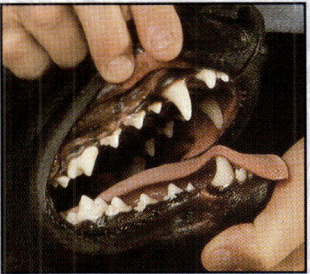

127

Die Gesundheit Ihres Belgischen Schäferhundes

Entscheiden Sie sich für einen guten Tierarzt und pflegen Sie Ihren Hund seinen verschiedenen Entwicklungsstadien entsprechend. Hierzu gehören ein sinnvolles Impfschema, die Beschäftigung mit äußeren und inneren Parasiten und rassetypischen Gesundheitsproblemen.

Wir danken den Besitzern der in diesem Buch abgebildeten Hunde:

Laurie Baker, Steve Beman, John Browne, Denis Court, N. Deschuymere, Serge Gillet, Robert Graham, Everett Lewis, Kenneth Mazzie, Claudine Nodin, Sylvie & Stéphane Ramoni, Anthony Rosa, Steve Skolnick, Robert Van Weremael, Sue und Mike Young

Der Groenendael, die langhaarig schwarze Varietät des Belgischen Schäferhundes, erfreut sich weltweit als Gebrauchshund wachsender Beliebtheit. Glücklicherweise ist er nicht so überzüchtet wie viele andere Gebrauchshundrassen.

Die Geschichte des Belgischen Schäferhundes

Die Geschichte der Rasse in Belgien

Wie bei vielen Hunderassen, über deren genauen Ursprung es keine Aufzeichnungen gibt, weil sie schon Jahrhunderte lang existierten, bevor überhaupt ein Interesse an Rassehunden entstand, ist es auch nicht möglich, die Geschichte des Belgischen Schäferhundes bis in seine Ursprünge zurückzuverfolgen; dennoch gibt es einige Hinweise. Wie der Name schon sagt, waren Belgische Schäferhunde vor dem Ende des 19. Jahrhunderts – genau gesagt, vor 1891 – ausschließlich als Arbeitshunde der Schäfer und Bauern bekannt, kaum als „echte" Rassehunde.

Anders als beim Deutschen Schäferhund, dessen Ursprung klar und untrennbar mit einem Mann, nämlich Rittmeister Max von Stephanitz, verbunden ist, wurden die Belgischen Schäferhunde von drei Männern gefördert, die als die Begründer der Rasse gelten: dem Tierarzt Prof. Dr. Reul, von L. Van der Snickt und von L. Huyghebaert.

Am 29. September 1891 wurde der „Club du Chien de Berger Belge" (Klub für Belgische Schäferhunde) in Brüssel gegründet. Am 15. November des selben Jahres organisierte Prof. Reul eine erste Zusammenkunft Belgischer Schäferhunde aus verschiedenen Teilen Belgi-

Belgische Schäferhunde

Samlo, ein kurz-
haariger, braun
gefleckter Bel-
gischer Schäfer-
hund, ist einer
der Ahnen des
Malinois. Er ist
Tomys Vater
und Tjops
Großvater.

Der erste Standard mit der Beschreibung der idealen Rassemerkmale des
Belgischen Schäferhundes wurde 1892
verfasst. Er enthielt drei Haarvarietäten:
Langhaar, Rauhhaar und Kurzhaar. Dieser Standard wurde etliche Male
abgeändert bis hin zu der heute gültigen Version mit vier anerkannten Haararten. Damals wie heute gab und gibt
es Kontroversen über die Haarlänge, -
textur und –farbe, was eigentlich die

Tjop, ein Sohn
von Tomy und
Cora I., ist ein
sehr berühm-
ter Ahne des
modernen
Malinois.

ens in Cureghem, um festzustellen, ob
es überhaupt einen nationalen Schäferhund von einheitlichem Typ gab. Auf
diesem Treffen wurden 117 Hunde vorgestellt, die den Rückschluss zuließen,
dass dieser einheitliche Typ existierte.
Vierzig dieser Hunde wurden für ein
Zuchtprogramm ausgewählt, die alle
anatomisch einheitlich waren, jedoch
große Unterschiede in der Länge, der
Textur und der Farbe ihrer Behaarung
zeigten.
Im darauf folgenden Jahr, am 8. Mai
1892, fand in Cureghem die erste Spezialausstellung für Belgische Schäferhunde statt, auf der alle Farben und
Haararten vertreten waren.

Tomy, ein Sohn
von Samlo und
Diane, ist ein
Ahne des
Malinois und
gleichzeitig der
erste Belgische
Schäferhund
mit einem falb-
farbenem Fell
und einer
schwarzen
Maske.

Entwicklung der Rasse behindert hat.
Ein anderer Klub, gegründet 1898 von
L. Huyghebaert und Dr. G. Geudens, hatte seinen Sitz in Malines (Mechelen).
Dieser Klub war eigentlich eine Untergruppe des Brüsseler Klubs, aber zu
jener Zeit entstanden heftige Dispute
und Auseinandersetzungen zwischen
diesen beiden Klubs um die Frage der
Haararten und -farben und auch um
den Stellenwert der Schönheitsmerk-
male gegenüber den Arbeitsqualitäten
des Hundes, an denen prominente Rassekenner beteiligt waren.

Der Club du Chien de Berger Belge von Prof. Reul zog in diesem Streit den kürzeren und verschwand von der Bildfläche, während der 1898 gegründete Berger Belge Club überlebte und von der Société Royal Canine St. Hubert (dem belgischen Dachverband der Rassehundeklubs) anerkannt wurde, ebenso wie wenige Jahre später der Königliche Groenendael Club. Beide Klubs waren bis in die 1990er Jahre aktiv. Am

Tom, ein Welpe aus der Verbindung Vos I. und Lieske, war rauhhaarig mit einem falbfarbenen Fell.

30. März 1990, nach langwierigen Bemühungen, schlossen sie sich endlich zusammen. Derzeit gibt es nur eine Organisation, die in Belgien die Rasse betreut, die Königliche Union der Klubs für Belgische Schäferhunde, und vier anerkannte Varietäten: den Malinois, den Tervueren, den Groenendael und den Laekenois; sie alle unterscheiden sich in ihrer Haarfarbe, der Haarstruktur und/oder der Haarlänge. Alle übrigen Rassemerkmale waren schon 1910 festgelegt worden – eine echte Leistung, wenn man bedenkt, dass der Ras-

setyp erst zwanzig Jahre vorher fixiert worden war.

1901 wurden die ersten Belgischen Schäferhunde im Zuchtbuch der Société Royal Canine St. Hubert eingetragen. Der erste offiziell registrierte Hund war der Malinois Vos des Polders, der Vater von Dewet. Es vergingen gut zehn Jahre, bis die Société die nationalen Belgischen Rassen zur Kenntnis nahm – vorher waren sie als wenig bedeutend angesehen worden. Die Société hatte zu jener Zeit vorrangiges Interesse an Jagdhunden und an etablierten Rassen, wie zum Beispiel dem „eclen" Collie, der schon seit Jahren eingetragen wurde. Die belgischen Schäferhunde, mit Ausnahme

Dewet, ein Nachkomme der Verbindung Mouche und Vos desé Polders, bildete mit Tjop zusammen die Basis der Malinois-Zucht.

Boer Sus, aus der Verbindung Basoef und Mira, ist ein berühmter Vorfahre der rauhaarigen Varietät.

11

Duc de Groen-
endael (gezeich-
net von E. van
Gelder), ist der
brühmte Sohn
von Picard
d'Uccle und
Petite (dem
Paar, das den
Stamm der
Groenendael-
Zucht bildete).
Er ist der Vater
von Milsart, der
bei der Stabili-
sierung des Ter-
vueren-Typs
großen Einfluss
hatte.

Jojo du Maugré,
aus der Verbin-
dung Iago du
Maugré und Ial-
ta du Maugré.

Ein tyischer und
schöner Mali-
nois auf einer
Hundeschau in
Belgien.

des Groenendael, waren zu lange die
Schäferhunde der unteren Klassen, die
sich eher um die Gebrauchstüchtigkeit
als um das Aussehen ihrer Hunde küm-
merten.

Zurück zu den Förderern der Rasse: Als
einer der besten Rassekenner gilt Felix
E. Verbanck, der 1931 mit der Malinois-
Zucht (Zwinger „de l'Ecaillon") begann

und die Geschichte der Varietäten
erforschte. Als Sekretär des Königlichen
Groenendael-Klubs besaß er eine um-
fangreiche Bibliothek mit Informationen. Als in ganz Europa und in den USA
geschätzter Berater bei der Zucht von
Belgischen Schäferhunden hatte er
großen Einfluss, der für die Rasse über-
auswichtig war; zudem verfasste er
zahlreiche Artikel über die Rasse, die
auch heute noch Gültigkeit haben.

Der Ursprung der vier Varietäten

Da die anerkannten Varietäten immer
wieder verändert wurden, war es unver-
meidlich, dass sie nicht reingezüchtet
waren: Dennoch ist es möglich, den
Ursprung jeder einzelnen Varietät kurz
zu umreißen.

Der Malinois

Diese Varietät wurde – wie schon ihr Name andeutet – hauptsächlich in der Umgebung der Stadt Malines (Mechelen) gezüchtet. Hundeausbilder und Teilnehmer an Gebrauchsprüfungen waren stets voll des Lobes über die ausgezeichneten Fähigkeiten und Arbeitsleistungen dieser Hunde. Der Malinois-Klub spezialisierte sich auf die kurzhaarige Varietät und selektierte die Zuchthunde vor allem auf deren Arbeitsverhalten hin. Dies ist der Grund, warum anfangs so viele Welpen von blasser Farbe fielen, aber nach einiger

Gitan de la Terre Aimée, ein Welpe von Maubray du Maugré und Alma de la Terre Aimée.

Sicco de Kersouwe, ein Nachkomme von Maubray du Maugré und Patara van Balderlo.

ders der Tervueren profitierte hiervon. Der bekannteste Stammvater der Malinois ist Tomy, der erste kurzhaarige Belgische Schäferhund. Er hatte schwarzgewolktes, falbfarbenes Haar und eine schwarze Maske. Tomys kurzhaarige Eltern waren der braungestromte Sam-

Der Bundessieger Koran van Balderlo, aus einem Wurf von Elton van Banderlo und Iris van Banderlo.

Zeit, schenkten die Züchter auch den Farbvorgaben mehr Beachtung.

Aufgrund seiner überragenden Eignung für für Hundesportwettkämpfe wurde der Malinois zur Verbesserung der anderen Varietäten herangezogen; beson-

Die Belgische Post ehrte die Nationalrassen

Am 26. Mai 1986 kamen in Belgien vier Briefmarken zu Ehren der bekanntesten Belgischen Rassen auf den Markt: der Belgischen Schäferhunde (von links nach rechts: Malinois, Tervueren und Groenendael) und des Bouvier des Flandres.

Lady de la Casa du Barry, aus einem Wurf von Ch. Ino de la Casa du Barry und Ch. Fanny de la Casa du Barry.

lo und die schwarzgewolkte, graugestromte Diane. Aus der Verbindung von Tomy und Cora van Optewel (Cora I., kurzhaarig, gestromt mit Maske) stammte 1899 Tjop (kurzhaarig, falb ohne Maske). Tomy und Tjop hatten eine korrekte Falbfarbe, und Tjop, der als der Prototype der kurzhaarigen Varietät angesehen wurde, taucht in deren wichtigsten Blutlinien auf. Ein anderer berühmter Stammvater des Malinois

war Dewet, mit Tjop verwandt, da seine Mutter, Mouche (kurzhaarig, silbergrau), die Schwester von Diane, Tjops Großmutter, war. Tjops Vater war der erste 1901 offiziell registrierte Belgische Schäferhund, Vos des Polders. Dewet war mächtig und sehr grobschlächtig, seine Falbfarbe war sehr hell und die schwarze Wolkung enthielt schwarze Flecken. Tjop und Dewet repräsentierten zwei Deckrüden von sehr unterschiedlichem Typ, die aber beide ihren Anteil an der Entwicklung der Malinois-Zucht hatte.

Eine typische, sehr hochwertige Malinois-Hündin.

Seit dem Ende des 19. Jahrhunderts bis heute ist der Malinois die in Belgien beliebteste Nationalrasse, da er der Vorliebe der Belgier für Unterordnungs- und Schutzhundtraining entgegenkommt. Historisch gesehen war der

Malinois stets die Gebrauchshund-
Varietät, da er den übrigen Varietäten
in Gelehrigkeit und Arbeitsleistung
überlegen war und ist.

Der Laekenois

Er ist die rauhaarige Variante des Belgischen Schäferhundes. Sein Ursprung
ist eng mit dem des Malinois verbunden: Auch seine Vorfahren tauchten
zunächst hauptsächlich in der Nähe
von Antwerpen und Boom auf. Der rauhaarige Rüde Vos I gilt als Stammvater
sowohl der kurzhaarigen als auch der
rauhhaarigen Varietät. Aus seiner Verbindung mit Lieske (kurzhaarig, gestromt) entsprang Diane, die Mutter von
Tomy. Dieselbe Kombination brachte
aber auch rauhhaarige Nachzucht, darunter der berühmte Tom (rauhaarig,
falbfarben).

Diane stammte aus der Zucht eines
Schäfers namens Janssen, dessen beste
Hunde falbfarben waren und raues
Haar hatten. Seine Herden weideten
im königlichen Park von Laeken – daher
der Name Laekenois! Aus der Verbindung von Tom mit der rauhaarigen

Ein kleiner Gefährte...

für den vertrauenswürdigen Belgischen Schäferhund könnte ein Schipperke sein. Schon viele Besitzer eines
„großen" Belgiers haben sich dazu für
einen „kleinen" Eelgier als Kameraden
entschieden – aus naheliegenden
Gründen. In Frankreich geben der Klub
für Belgische Schäferhunde und der
Schipperke-Klub sogar ein gemeinsames Monatsmagazin heraus!

Ein typischer
amerikanischer
Malinois.

aschgrauen Mira entstammte Basoef,
der das Haar und die Farbe seiner Mutter geerbt hatte und seinerseits den
berühmten Boer Sus (rauhaarig, aschgrau) produzierte. Alle diese Hunde und
auch Tony, ein sehr bekannter Sohn von
Boer Sus, waren aschgrau, dennoch

Ein typisch amerikanischer Laekenois.

Der Laekenois hat seinen Namen vom königlichen Park Laeken in Belgien.

Eine Kopfstudie des Laekenois.

errangen die falbfarbenen Hunde des Schäfers Janssen letztlich mehr Popularität. Bis heute ist die Falbfarbe die einzig anerkannte..

Der Groenendael

Er und der Tervueren, die beiden langhaarigen Vertreter der Belgischen Schäferhunde, haben den selben Ursprung – ihre Geschichte war in den Anfängen eng verbunden.

Erst seit 1899 wurden sie auf Ausstellungen in separaten Klassen gerichtet, nämlich als „Schwarze" und „Andersfarbige". Auf der ersten Spezialausstellung gewann die schwarze, langhaarige Hündin Petite einen ersten Preis; sie gilt als Stammmutter der schwarzen langhaarigen Varietät. Picard d'Uccle, ein sehr schöner schwarzer Langhaarrüde mit einem Erscheinungsbild, das in hohem Maße dem von Prof. Reul verfassten Standard entsprach, sollte der Stammvater des Groenendaels werden. Picard und Petite wurden von Nicholas Rose erworben; sie wurden das Zuchtpaar, das die Varietät des Groenendaels begründe-

Der frühe Stammbaum des Malinois und des Laekenois

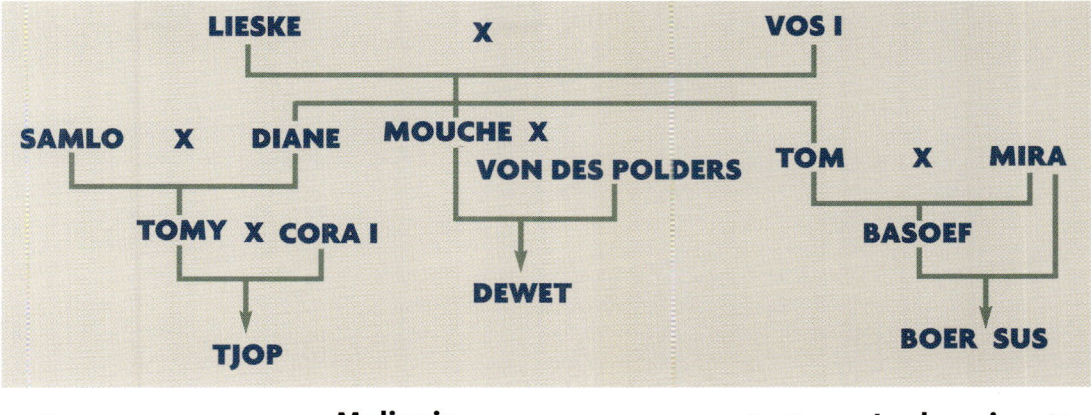

Malinois	Laekenois

te Am 1.September 1892 fiel ihr erster Wurf mit den Welpen Baronne, Mirza, Pitt, Bergère und Margot sowie dem berühmten Duc de Groenendael, der der am häufigsten eingesetzte Deckrüde werden sollte.

Danach gab es etliche Vater-Tochter-Paarungen mit Picard, Geschwisterverbindungen mit Duc de Groenendael und Paarungen zwischen von Picard abstammenden Halbgeschwistern. Viele dieser Würfe fielen im „Chateau Groenendael", dem Hotel und Restaurant in Groenendael bei Brüssel, das Nicholas Rose, dem Züchter „de Groenendael", gehörte. Sein Zuchtstamm war die Basis für die „schwarzen Langhaarigen", die im Jahr 1910 offiziell den Namen Groenendael erhielten.

Der Tervueren
Der langhaarige Belgische Schäferhund, der nicht schwarz ist, galt lange

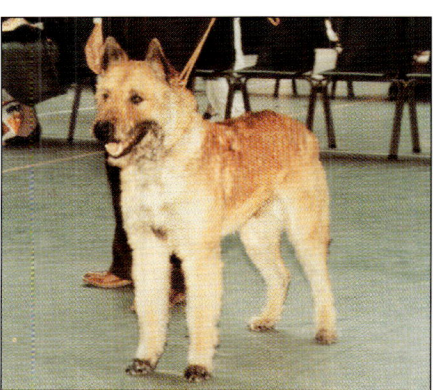

Links: Donald Poretta, ein Laekenois Rüde. Rechts: Der mehrfache Champion und Weltsieger Max van Kriekebos.

Der Tervueren verdankt seinen Namen einem Dorf, in dem der Züchter M.F. Corbeel lebte. Dieser besaß zwei falbfarbene langhaarige Hunde, Tom und Poes, die gemeinhin als Ursprung dieser Varietät angesehen werden. Aus ihnen entsprang Miss, eine falbfarbene Hündin mit schwarzer Wolkung – zweifellos die Stammmutter der Tervueren. Milsart, das Zuchtprodukt aus der Verbindung von Miss mit dem schwarzen Duc de Groenendael, spielte eine wichtige Rolle bei der Fixierung des Tervueren-Typs; er wurde zudem 1907 der erste Champion dieser Varietät. Er hatte falbfarbenes Haar mit intensiver schwarz-

Ein liebenswerter Groenendael-Welpe.

Die bezaubernde Kopfstudie eines Groenendael.

Zeit als armer Vetter des Groenendael. Fälschlicherweise wurde behauptet, dass er aus einer Kreuzung des Groenendael mit dem Collie entstammte, aber nach L. Huyghebaert haben Groenendael und Tervueren einen gemeinsamen Ursprung und sind nicht zu trennen. Sie sind in der Tat bis auf die Farbe identisch.

Ein typischer amerikanischer Groenendael.

er Wolkung und wurde als fast perfekter Prototyp des Tervueren beschrieben. Er ist der echte Stammvater der falbfarbenen, schwarzgewolkten Belgischen Schäferhunde. Seine Ahnentafel beweist den gemeinsamen Ursprung der beiden Langhaar-Varietäten, da alle langhaarigen auf das schwarze Zuchtpaar Picard d'Uccle und Petite zurückgehen. In der Tat haben Tervueren mit Groenendael-Eltern einen nicht unbeträchtlichen Teil zur Entwicklung des Belgischen Schäferhundes in Europa beigetragen.

Aus diesen kurzen Ausführungen über die Anfänge der Belgischen Schäferhunde ergibt sich eindeutig, dass es sich um eine einzige Rasse handelt – die vier Varietäten mit ihrem unterschiedlichen Erscheinungsbild sind lediglich das Resultat bestimmter Paarungen innerhalb dieser Rasse, wobei nochmals

Ein typischer amerikanischer Tervueren.

die Farben die Varietäten unterscheiden, besteht bekanntermaßen die Gefahr, dass sich die vier Varietäten auch im Typ in verschiedene Richtungen entwickeln. Es wäre fatal für die Belgischen Schäferhunde, wenn es schon jetzt vier Typen gäbe und der ursprüngliche Typ unwiederbringlich verloren wäre!"

Der Tervueren ist ein langhaariger Belgischer Schäferhund „der nicht schwarz ist".

Der kleine Vetter: Der Schipperke

Die kleinste der belgischen Schäferhundrassen ist wohl der Schipperke. Obwohl er als eigenständige Rasse nicht zu den Belgischen Schäferhun-

darauf hingewiesen werden muss: Alle vier Varietäten müssen im Typ identisch sein, sie unterscheiden sich lediglich durch ihre Haarstruktur und durch ihre Farbe. Nur deshalb erscheinen sie verschieden in ihrem Gesamtbild. Unter dem Haarkleid müssen sie jedoch gleich aussehen!

In seinem *Blueprint of the Belgian Shepherd* weist der Autor treffend auf Folgendes hin: „Obwohl nur das Haar und

Als Welpe besitzt der Tervueren noch ein sichtbar weicheres Fell.

Der frühe Stammbaum des Groenendael und des Tervueren

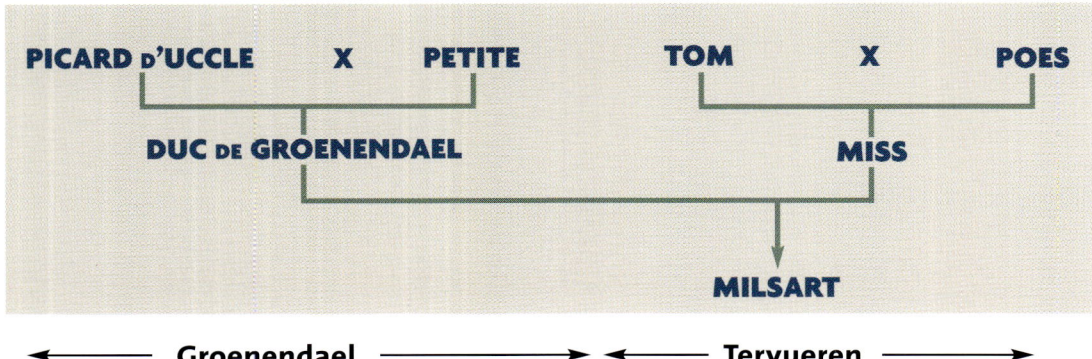

PICARD D'UCCLE   X   PETITE   TOM   X   POES

DUC DE GROENENDAEL   MISS

MILSART

◄─── Groenendael ───► ◄─── Tervueren ───►

Der Schipperke ist quasi der „Vetter" der Belgischen Schäferhunde. Auch als „kleiner Schäferhund" bekannt, reichten seine Aufgaben vom Hüten bis zum Rattenfangen.

den, denen sich dieses Buch widmet, gehört, sollte ein Abstecher zu diesem kleinen schwarzen Hund auch für die Freunde des Belgischen Schäferhundes nicht uninteressant sein.

Man geht davon aus, dass der Schipperke – das Wort kommt aus dem Flämischen und bedeutet „kleiner Schäferhund" – und der Belgische Schäferhund einen gemeinsamen Ahnherrn haben: den Beuvenaar. Diese ausgestorbene Rasse, deren Name „Bewohner von Louvain" bedeutet, soll ungefähr bis zum Ende des letzten Jahrhunderts existiert haben; es handelte sich um einen mittelgroßen, schwarzen, wolfsähnlichen Hund mit einem Gewicht zwischen zehn und zwölf Kilo, was einer Körpergröße von etwa 45 Zentimetern entsprochen haben könnte. Er soll aufrecht stehende Ohren und eine zum Teil angeborene Stummelrute gehabt haben und somit dem heutgen Schipperke recht ähnlich gewesen

sein. Aus diesem gemeinsamen Ahnherrn wurden die kleineren Exemplare zur Rattenjagd ausgewählt (Schipperke) und die größten zum Hüten der Viehherden (Groenendael).

Obwohl in der alten Literatur kaum Hinweise auf sie zu finden sind, scheint

festzustehen, dass es Hunde vom Typ des Schipperke schon sehr lange in Belgien gab. Es waren Hunde der kleinen Leute, und man fand sie deshalb wohl kaum erwähnenswert. Auf Darstellungen des bäuerlichen Lebens von flämischen Malern jener Zeit finden sich jedoch gelegentlich kleine, schwarze, schipperkeähnliche Hunde.

Im heute gültigen Standard wird der Schipperke als vorzüglicher, treuer kleiner Wachhund beschrieben, der – ebenso wie sein großer „Vetter" der Belgische Schäferhund – lebhaft, beweglich und unermüdlich ist. Er ist neugierig und sehr aufmerksam, dabei sehr anhänglich und besonders sanft im Umgang mit Kindern. Er ist gelehrig und kann sogar für die Jagd auf kleine Beutetiere abgerichtet werden.

Eine erwünschte Widerristhöhe wird im Standard nicht genannt, er enthält lediglich ein erlaubtes Körpergewicht zwischen drei und acht Kilogramm als Vorgabe. Dies ist eine bemerkenswerte Bandbreite! Erfahrungsgemäß haben die auf den heutigen Ausstellungen vorgeführten Schipperkes – glücklicherweise! – eher ein Gewicht im oberen Bereich. Ein drei Kilo leichter Schipperke dürfte wohl kaum in der Lage sein, Kaninchen oder Ratten zu jagen. Vor allem aber ist der Schipperke ein vorzüglicher Familienhund und wegen seiner Größe auch für Kinder sehr geeignet – er ist der ideale „Zweithund" zu einem Belgischen Schäferhund, mit dem er aufgrund seines Charakters glänzend auskommt.

Auf der berühmten Cruft`s Dog Show wurde dieser schöne Belgische Schäferhund (ein Tervueren) 1999 Best of Breed (Bester der Rasse).

21

Hassan van Kriekebos, ein Nachkomme von Max v. d. Schepershoeve und Floride de l'Apache.

Der mehrfache Champion Opium van Kriekebos, ein Nachkomme von Ch. Max van Kriekebos und Karanelle van Kriekebos.

Der belgische Schäferhund in Großbritannien und Irland

Die ersten Belgischen Schäferhunde (Groenendaels), über die es Aufzeichnungen gibt, kamen 1931 nach Großbritannien. Nach dem 2. Weltkrieg gab es wiederholt Groenendael-Importe aus Belgien und Frankreich. Von diesen hatte die belgische Hündin Peggy de la Baraque de Planches die größte Bedeutung: Ihr Sohn Quentin wurde 1971 der

erste Englische Champion der Rasse. 1965 wurde die „Belgian Shepherd Dog Association" gegründet, wobei es zu jener Zeit in England nur Groenendaels gab – man hatte sich gegen den Import der roten langhaarigen Tervueren entschieden, um einer möglichen Verwechslung mit dem langhaarigen Deutschen Schäferhund vorzubeugen. 1972 traf der erste Groenendael aus Amerika

ein, und ab 1975 gab es regelmäßige Importe aus Belgien und Frankreich. Der Tervueren kam später in das Vereinigte Königreich: Erst 1971 wurden die ersten Hunde dieser Varietät aus Belgien und auch Amerika importiert. Tatsächlich dominierten die letztgenannten, die sich im Typ von den Tervueren des Kontinents unterschieden, anfangs die Entwicklung dieser Varietät in Großbritannien. Den amerikanischen Hunden fehlte es in ihrem Erscheinungsbild an Eleganz, und sie hatten etwas grobere Köpfe. Glücklicherwei-

Hassan van Kriekebos zeigt einen sehr typischen Laekenois-Kopf.

se trugen zahlreiche Importe aus Belgien von 1978 bis 1983 zur deutlichen Verbesserung der Qualität der Belgischen Schäferhunde auf der Insel bei. Der erste Malinois, der kurzhaarige Vertreter, traf 1972 ein. Diese Varietät wurde in Großbritannien sehr geschätzt, errang aber nie die Beliebtheit der langhaarigen Tervueren und Groenendael. Rauhaarige Laekenois wurden erstmals 1980 aus Holland importiert, blieben jedoch, wie überall auf der Welt, die Varietät mit der geringsten Beliebtheit. Heute hat der Belgische Schäferhund in Großbritannien einen in der ganzen Hundewelt beneidenswerten Status erreicht: Von dem ungeheuren Erfolg der Rasse hatten die Gründer der „Belgian Shepherd Dog Association", die

Tequilla van de Duvetorre, aus der Verindung von Ch. Opium van Kriekebos und Qwini van Kriekebos.

sich der Entwicklung der Rasse verschrieben hatten, wohl kaum zu träumen gewagt.

In Irland wurde der erste Groenendael 1969 registriert; der Rasseklub wurde 1976 gegründet Der erste Tervueren kam 1980 und der erste Malinois 1986 aus England. In der jüngeren Vergangenheit trafen Importe auch aus Frankreich, Norwegen und Holland auf der grünen Insel ein; auch hier hat die Rasse eine große Zukunft.

Valkohampaan Athene, ein Nachkomme von Hassan van Kriekebos und Fiona Poretta.

Der belgische Schäferhund in den USA und Kanada

Fast überall auf der Welt werden die vier Varietäten des Belgischen Schäferhundes als eine einzige Rasse angesehen. In den Vereinigten Staaten dagegen beschloss man 1959, drei eigenständige Rassen anzuerkennen: den Belgischen

Schäferhund (Groenendael), den Belgischen Tervuren und den Belgischen Malinois. Dem Laekenois wird bedauerlicherweise vom American Kennel Club (AKC) die Anerkennung versagt. Übrigens sagen die Amerikaner „Belgian Sheepdog", nicht „Shepherd", und buchstabieren Tervuren ohne das zweite „e". Der Ruf der Groenendaels ging nach dem ersten Weltkrieg aufgrund ihrer Leistungen an den Kriegsschauplätzen, unter anderem als Boten- und Sanitätshunde, um die Welt. Der erste Groenendael kam in Begleitung zurückkehrender amerikanischer Soldaten, die während des 1. Weltkriegs in der Alten Welt die Belgischen Schäferhunde kennengelernt und bewundert hatten.

Der „Belgian Sheepdog Club of America" wurde 1919 gegründet. Unglücklicherweise nahm die Popularität der Groenendaels während der Weltwirtschaftskrise in den 30er Jahren dramatisch ab, und schließlich hörte der Club auf zu existieren. Nach dem 2. Weltkrieg, in dem die Belgischen Schäferhunde wieder durch ihre Leistungen als Kriegs-, Schutz- und Wachhunde beeindruckten, erwachte das Interesse am Groenendael neu und so wurde die Rasse durch viele belgische und auch einige französische und italienische Importe zu neuem Leben erweckt. Der „Belgian Sheepdog Club of America" wurde 1949 neu gegründet; er existiert noch heute.

Der erste Belgische Tervuren wurde schon 1918 registriert, bis zur Weltwirtschaftskrise war die Varietät aber schon wieder aus den Zuchtbüchern des AKC verschwunden. 1953 gab es neue Importe, und 1959 schließlich entstand der „American Belgian Tervuren Club".

Vermutlich ist sich kaum jemand darüber klar, dass – nach dem Niedergang der Rasse während des 2. Weltkriegs – neben Frankreich hauptsächlich Amerika zur Wiederentstehung des Tervuren beitrug (was zu den von europäischen Experten leider als „amerikanischer Typ" bezeichneten schwereren und längeren Hunden mit stärkerer Winkelung führte).

Die ersten kurzhaarigen Belgier wurden 1911 registriert. Obwohl der Malinois nach dem 2. Weltkrieg eher ein Schattendasein fristete, bestand dennoch ein gewisses Interesse an diesen Hunden. Einen echten Popularitätsschub gab es ab 1963, was dazu führte, dass der Malinois 1965 schließlich „Championstatus" erhielt. Neue Importe und ein reges Zuchtgeschehen ließen die Rasse seit 1973 stärker in Erscheinung treten, aber dennoch ist der Malinois, die bei weitem populärste der vier Varietäten in ihrem Heimatland, in den Staaten als am wenigsten populäre zahlenmäßig noch unterrepräsentiert. Kanada hat sich den europäischen Gewohnheiten angepasst und erkennt den Belgischen Schäferhund („Belgian Sheepdog") als eine Rasse mit vier Varietäten an. Obwohl die Rasse schon seit vielen Jahren in Kanada gezüchtet wird, wurde der „Belgian Sheepdog Club of Canada" erst 1964 gegründet.

Der belgische Schäferhund auf dem Kontinent

In den meisten Ländern des europäischen Kontinents hat der Belgische

Schäferhund in den letzten Dekaden des 20. Jahrhunderts bemerkenswert an Popularität gewonnen; die Rasse hat in Frankreich, der Schweiz, Italien, den Niederlanden und Skandinavien große Bedeutung.

In Belgien ist der Malinois immer noch die beliebteste Varietät, gefolgt von Tervueren, Groenendael und Laekenois. In vielen anderen Ländern, wie beispielsweise in Skandinavien, stand stets der Groenendael an der Spitze der Beliebtheitsskala – dies änderte sich erst zwischen 1980 und 1990, als die Eintragungszahlen des Tervueren die des Groenendael übertrafen.

In Frankreich ist der Belgische Schäferhund zahlenmäßig stärker als in Belgien, und die Qualität der französischen Zucht wird überall als der belgischen ebenbürtig angesehen. Die Franzosen lieben an erster Stelle die langhaarigen Varietäten gleich welcher Farbe. Zwar wurden die ersten Tervueren in Belgien registriert, aber es waren die Franzosen, die in gewissem Sinne den Tervueren entstehen ließen.

In den Niederlanden, dem nördlichen Nachbarland, erfreute sich der Belgische Schäferhund stets großer Beliebtheit trotz der eigenen Nationalrasse, des Holländischen Schäferhundes. In Holland gab es tatsächlich immer Liebhaber – vor allem solche mit Interesse an der Polizei- und Schutzhundarbeit –, die sich sogar für den Laekenois begeisterten, das vernachlässigte Stiefkind in allen anderen Ländern (leider auch in Belgien). Man muss den Holländern in der Tat dankbar dafür sein, dass der Laekenois noch existiert!

Holländische Vettern

Die Belgischen Schäferhunde erfreuen sich in Holland großer Bewunderung – trotz der Existenz einer eigenen Schäferhundrasse, des Holländischen Schäferhundes. Diesen ansehnlichen Hund gibt es ebenfalls in drei Haararten, lang-, rau- und kurzhaarig. Es sind aber mehr Farben erlaubt, z.B. Blau, Grau, Gelb Silber und etliche attraktive Schattierungen von Gestromt. Die Kurzhaarigen sind am beliebtesten, dennoch sind alle drei Varietäten sogar in Holland sehr selten.

Kurzhaar

Rauhaar

Langhaar

Was Deutschland anbetrifft, hat der Deutsche Schäferhund unbestritten eine deutliche Vormachtstellung vor dem Belgischen Schäferhund, dennoch ist nicht zu übersehen, dass der Malinois als Dienstgebrauchshund beim Militär großes Ansehen genießt. Zwar wird natürlich der Deutsche Schäferhund am häufigsten als Polizei- und Diensthund verwendet (beim Zoll, beim Grenzschutz, als Spürhund usw.), dennoch liegt der Malinois an zweiter Stelle – noch vor dem Rottweiler und anderen Gebrauchshundrassen.

Der Belgische Schäferhund in anderen Teilen der Erde

Der Belgische Schäferhund wird nicht nur in Europa und Amerika geschätzt. Er erfreut sich auch in anderen Teilen der Erde – bis nach Japan – lebhaften Interesses. In Australien gibt es neben einem regen Zuchtgeschehen viele Importe aus Europa. Es finden Spezialausstellungen der Rasseklubs statt, auf denen häufig europäische Rassespezialisten richten. In Südafrika wurden erstmals 1966 Belgische Schäferhunde registriert. Die Rasseklubs dort sind sehr aktiv und stehen in gutem Kontakt zum Mutterland.

Auf dem Set zu *Through the Back Door* posieren die drei Hollywood-Größen Charlie Chaplin, Mary Pickford und Douglas Fairbanks mit einem Belgischen Schäferhund, der in dem Film mitspielte. Dieser Stummfilm wurde 1921 gedreht.

Die Charaktermerkmale des Belgischen Schäferhundes

Hunde sind zweifellos die engsten Begleiter des Menschen, sie haben ihm treu über Tausende von Jahren gedient. Heute gibt es über 300 anerkannte Hunderassen, die alle eine grundlegende Eigenschaft gemeinsam haben: ihre Ergebenheit dem Menschen gegenüber. Dennoch hat jede Rasse ihre eigene Persönlichkeit und ihren eigenen Charakter.

Boris de la Pouroffe, ein Nachkomme von Yako de la Pouroffe und Vallia des Forges Monceux, ist ein schöner Groenendael-Rüde.

treuen Begleiter der Schäfer sind und ihnen helfen, ihre Herden zu den Weiden zu treiben. Sie holen selbständig entlaufene Schafe zurück und beschützen die Herde gegen Angriffe von Wölfen und anderen wilden Tieren.

Ch. Buddy van Lana's Hof, aus der Verbindung von Mistyk van de Hoge Laer und Blackie de la Grande Lande.

Eine Rasse lernt man am besten kennen, wenn man sich ihren ursprünglichen Verwendungszweck vor Augen hält. Der Belgische Schäferhund gehört zur Gruppe der Hütehunde, die seit jeher die

Louky de la Quièvre aus der Verbindung von Ch. Kadour de la Quièvre und Holenka de la Quièvre ist ein weiterer sehr schöner Groenendael-Rüde.

27

Der Groenendael Rüde Ch. Uzo de la Poumiroffe stammt aus einem Wurf von Jason de la Douce Plaine und Ch. Quiryna de la Poumiroffe.

Der Belgische Schäferhund wird als kräftig, beweglich, schnell, intelligent, wachsam und gelehrig beschrieben. Diese Qualitäten sind die Erklärung für seine beeindruckende Vielseitigkeit und Verwendungsfähigkeit bei allen Arten des Hundesports, als Gebrauchs- und Diensthund.

Körperliche Merkmale

Um gute Arbeit verrichten zu können, sollte ein Schäferhund eine mittlere Statur haben. Sein Erscheinungsbild mit den charakteristischen Stehohren, dem etwas spitz zulaufenden Fang und der buschigen Rute und auch seine Eigenschaften werden manchmal als „lupoid" (wolfsähnlich) bezeichnet. Die größten Schäferhunde werden heute vorwiegend als Wach-, Schutz- und Poli-

Ch. Falk von Nauenhof, ein Groenendael-Rüde.

zeihunde verwendet. Im allgemeinen gelten Schäferhunde aufgrund ihrer treuen Ergebenheit dem Menschen gegenüber, ihrer Intelligenz und ihres Arbeitswillens als besonders leicht erziehbar.

In der Vergangenheit wurden Belgische Schäferhunde ausschließlich für ihren Arbeitseinsatz gezüchtet, aber ein wachsendes Interesse an Hundeausstellungen veranlasste die Züchter dazu, auch das äußere Erscheinungsbild der Hunde nicht länger zu vernachlässigen. Jedermann wird zugeben müssen, dass das Aussehen des modernen Belgischen Schäferhundes äußerst ansprechend ist. Die Unterschiede in Haarart und Farbe haben zu der Einteilung in die vier sogenannten Varietäten geführt, und unter diesen kann sicherlich jeder einen Hund finden, der ihm gefällt.

Um die für den Belgischen Schäferhund charakteristischen Merkmale den interessierten Hundeliebhabern nahezubringen, die die Besonderheiten der Rasse nicht kennen, ist es hilfreich, das Aussehen des Belgischen Schäferhundes, der ja im Straßenbild (noch) nicht so

häufig anzutreffen ist, mit dem des zweifellos allen Hundefreunden vertrauten, allgegenwärtigen Deutschen Schäferhundes zu vergleichen:

- Der Belgische Schäferhund hat einen leichteren Knochenbau, eine elegantere Gesamterscheinung, und er trägt seinen Kopf in stolz erhobener Haltung, wenn er läuft;
- er hat einen etwas leichteren, „charakteristisch gemeißelten" Kopf, das heißt, der Kopf darf weder grob noch schwer sein; er soll klare Umrisslinien und eine straff anliegende, faltenfreie Haut haben;
- er ist quadratisch, das heißt, die Länge seines Körpers vom Buggelenk bis zum Sitzbeinhöcker entspricht der Widerristhöhe, während der Deutsche Schäferhund rechteckig – länger als hoch – ist;
- er ist weniger stark gewinkelt, das heißt, seine Hinterläufe stehen eher unter dem Körper, während die des Deutschen Schäferhundes deutlich hinter dessen Körperende stehen;
- er bewegt sich aufgrund dieser gemäßigteren Winkelungen und

Ranke de la Quièvre, ein Groenendael, stammt aus einem Wurf von Ch. Kadour de la Quièvre und Fripouille d'Artamas.

des kürzeren Körpers etwas weniger raumgreifend – was beileibe nicht heißt, dass er kurzschrittig läuft!

Die vier Varietäten

Die bekannteste Varietät des Belgiers, zumindest in Europa und vor allem in Belgien, ist der kurzhaarige Malinois, dessen schlichtes Erscheinungsbild ohne Übertreibungen dennoch sehr elegant ist. Er ist hauptsächlich für seine außergewöhnlichen Leistungen als Allzweck-Gebrauchshund bekannt.
Der Laekenois ist die rauhaarige Varietät, sein Haarkleid trotzt auch den widrigsten Wetterverhältnissen. Sein hervorragender Charakter und seine Gelehrigkeit werden gerühmt. Es ist bedauerlich, dass seine Popularität in umge-

Der Groenendael Ch. Buddy van Lana's Hof ist ein Nachkomme der Verbindung von Mistyk van de Hoge Laer und Blackie de la Grande Lande.

Belgische Schäferhunde

Vallivue Bon
Chance wurde
UK-Champion
und Gruppen-
sieger auf der
Crufts 1992.

kehrtem Verhältnis zu seinen positiven Eigenschaften steht. Er hat sich nicht weniger als die anderen Varietäten auch bei der Polizeiarbeit bewährt.

Nach diesen beiden kräftigen, dennoch eleganten Arbeitshunden kommen wir als nächstes zu den echten Aristokraten: dem edlen schwarzen Groenendael und dem prächtigen Tervueren, die mit ihrem herrlichen Haar einen majestätischen Eindruck erwecken. Der rote oder falbfarbene Tervueren mit seiner schwarzen Wolkung wird von vielen als die hübscheste der vier Varietäten angesehen.

Man sollte aber nicht vergessen, dass der Standard keinen Unterschied im Gebäude und im Typ der Varietäten zulässt. Das heißt schlicht, dass die vier Varietäten bis auf das Haarkleid vollkommen identisch sein sollten.

Im Vergleich der körperlichen Merkmale des Belgischen Schäferhundes mit anderen, nahe verwandten Schäferhunden zeigt sich, dass einige seiner anatomischen Merkmale, wie zum Beispiel sein ziemlich leichter Knochenbau, seine gemäßigten Winkelungen und seine elegante Erscheinung die Gebrauchstüchtigkeit dieses Hundes deutlich begünstigen. Tatsächlich ist seine Geschwindigkeit beeindruckend, und sein Sprungvermögen – hoch und weit – und seine Kletterkünste sind unvergleichlich.

Die Persönlichkeit

Der Charakter des Belgischen Schäferhundes ist wirklich sein Trumpf: Sein Verhalten unterscheidet ihn von anderen Schäferhunden. Seine schnellen

Sherpa van de Hoge Laer wurde 1998 Weltsieger.

Reflexe, seine Spontaneität, sein Empfindsamkeit und sein Einfühlungsvermögen sind sprichwörtlich.

Seine charakterlichen Qualitäten, die unabdingbar für seinen Erfolg als Gebrauchshund sind, finden Ausdruck in seinem Erscheinungsbild; sie wurden vom Autor in dessen englischem Werk *Blueprint of the Belgian Shepherd* wie folgt beschrieben „Das sprühende Temperament des Belgischen Schäferhundes sollte sich in seinem Verhalten und in seinem Ausdruck widerspiegeln. Er steckt voller Tatendrang, und sein athletischer Körper erweckt den Eindruck explosiver Kräfte die er kaum zügeln kann. Die feurig funkelnden Augen mit ihrem offenen, sprechenden Ausdruck sind für die temperamentvollen Belgischen Schäferhunde charakteristisch. Sie künden von ihrer Stärke, ihrer Unerschrockenheit und ihrer Einsatzbereitschaft. Die ganze Körperhaltung und der besondere Ausdruck von Kopf und Augen sind sehr rassetypisch."

Ch. Tee van de Hoge Laer ist ein sehr schöner Malinois.

Selbstverständlich fehlen Belgische Schäferhunde auch nicht auf der Weltsieger-Show, der größten Ausstellung der FCI.

Juby of the Two, ein Nachkomme von Nabor de la Nouë Saint-Eloi und Bagheera of the Two.

Seine Gelehrigkeit und sein Wunsch, seinem Besitzer zu gefallen, sind bemerkenswert. Da schon der kleine Welpe voller Energie und Neugier steckt, müssen Sie Ihrem Belgischen Schäferhund viel Aufmerksamkeit schenken. Machen Sie jeden Tag kleine Gehorsamsgrundübungen, damit er jederzeit unter Kontrolle ist.

Denken Sie daran: Langeweile ist die häufigste Ursache für Probleme Sie kann zu zwanghaften Verhaltensweisen wie Steinekauen, ständigem Lecken, dem Jagen der eigenen Rute, permanentem Bellen usw. führen. Lassen Sie keine Langeweile entstehen, sonst sucht er sich selbst einen Zeitvertreib – und das könnte sehr unerfreulich für alle Beteiligten sein.

Führen Sie Ihren Hund jeden Tag an einer drei bis vier Meter langen Leine oder sogar an einer flexiblen Langlaufleine spazieren. Wenn möglich, lassen Sie Ihren Belgischen Schäferhund in einem geeigneten eingezäunten Bereich ohne Leine laufen. Seine Sicherheit ist aber in jedem Fall oberstes Gebot! Bringen Sie ihn immer wieder in fremde Umgebung, damit er neue

Anregungen erhält und seinem Forschungsdrang nachgehen kann.

Da alle Hunde Gesellschaft brauchen, erwägen viele Besitzer eines Belgischen Schäferhundes die Anschaffung eines zweiten Hundes. Dieser Kamerad kann ruhig kleiner sein – vielleicht ein Schipperke, ebenfalls ein belgischer Hütehund mit typischem Belgier-Temperament.

Der Charakter des Belgischen Schäferhundes ist einerseits eine Tugend, aber er birgt auch Nachteile.

Lassen Sie uns zunächst die wirklich positiven und außergewöhnlichen Charakterzüge betrachten, die ihn als Wach- und Gebrauchshund so beliebt machen: Da sind sein Bedarf an körperlicher Aktivität, seine geistige Regsamkeit und seine Intelligenz sowie seine Anhänglichkeit und Ergebenheit seinem Besitzer gegenüber. All diese Eigenschaften sind die Voraussetzung für seine Trainierbarkeit und die Fähigkeit, sich in Ausbildungsprogrammen, Hundesport und Wettbewerben wie Obedience, Agility, Flyball, Wach- und Schutzhundprüfungen, als Fährten- und als Hütehund hervorzutun. Er wird

als Polizei- und Diensthund hoch geschätzt und hat seine Fähigkeiten als Blinden-, Sanitäts-, Lawinensuch-, Katastrophen- und Rettungshund sowie bei Zoll und Grenzschutz bewiesen. Im Hundesport ist der Malinois unbestritten dominierend.

Bei Schutzhundprüfungen und Prüfungen nach der IPO (Internationalen Prüfungsordnung) ist der Belgische Schäferhund sowohl in den USA als auch in Europa äußerst erfolgreich.

Allerdings sind diese Prüfungen, die Fährtenarbeit, Unterordnung und Schutzdienst beinhalten, in den meisten englischsprechenden Ländern nicht unumstritten, weil die Hunde beim Schutzdienst lernen, einen „Verbrecher" anzugreifen (dargestellt durch einen Schutzdiensthelfer mit speziellem Hetzärmel und weichem Stock).

In den USA sind der Malinois und der allgegenwärtige Deutsche Schäferhund vorherrschend in einer Doppelfunktion als Schutz- und Drogensuchhunde.

Die Nachteile im Charakter des Belgischen Schäferhundes liegen in seiner starken emotionalen Bindung an sei-

Laekenois Rüde und Hündin: Upsilon und Ushuaïa des Fauves de Saline.

nen Führer. Ein Belgischer Schäferhund besitzt weder die Härte und die Unabhängigkeit eines Terriers noch die unerschütterliche Haltung der Berghunde oder der Hunde von Mastifftyp. Seine nie nachlassende Ergebenheit, besonders als Welpe, machen ihn manchmal extrem liebebedürftig, er sucht ständig die Aufmerksamkeit seines Herrn und kann dabei recht aufdringlich werden. Einige Besitzer von Belgischen Schäferhunden finden das sehr charmant und niedlich und überhaupt nicht unangenehm. Wenn Sie ein solches Verhalten aber als unerwünscht ansehen, können Sie es durch sanftes aber konsequentes Training verhindern oder abstellen. Vermeiden Sie übergroße Fürsorge und ignorieren Sie Ihren Hund einfach, wenn er durch Pfötchengeben, Winseln oder Lecken mit Nachdruck Ihre Aufmerksamkeit auf sich ziehen will. Erziehen Sie Ihren Hund sanft, aber gleichzeitig mit Nachdruck, vermeiden Sie jegliche schroffe Härte. Ein Belgischer Schäferhund reagiert besonders als Welpe sehr sensibel auf die Gemütslage, das Verhalten und die Stimme seines Herrn. Wenn Sie mit seinem Verhalten zufrieden sind, sollten Sie ihn

Groenendael Rüde und Hündin: Boris de la Pouroffe und Zette de la Pouroffe.

Die vier Varietäten des Belgischen Schäferhundes.

Die vier Varietäten auf einer Zeichnung von A. Ackaert aus dem Jahr 1987.

ferhund führt jede Aufgabe sofort, mit großem Eifer und schnell aus. Wenn Sie nun zu dem Schluss kommen, dass ein solches Energiebündel Sie überfordern würde, sind Sie gut beraten, sich für einen Hund mit ruhigerem, gelassenem Wesen zu entscheiden, nicht für einen Belgischen Schäferhund! Nichtsdestoweniger gibt es hinsichtlich des Charakters und des Temperaments große individuelle Unterschiede auch innerhalb einer Rasse. Zudem können Verhaltensweisen durch Erziehung und Erfahrungen stark beeinflusst werden. Gelegentlich können Belgische Schäferhunde leicht erregbar sein, was bei einer Rasse, die als besonders feinfühlig und sehr aktiv gilt, als fast normal und verständlich angesehen werden muss. Dieses Verhalten äußert sich manchmal durch Rennen im Kreis, durch unaufhörliches Bellen und durch die Jagd auf alles, was sich gerade bewegt. Solches Verhalten entsteht dann, wenn angeborene Verhaltensweisen nicht rechtzeitig durch Erziehung in die richtigen Bahnen gelenkt worden sind. Bekanntermaßen hat der Belgische Schäferhund die natürliche Neigung, sich im Kreis zu bewegen –

stets durch lobende Worte belohnen. Der Belgische Schäferhund muss sicherlich als besonders feinfühlig, impulsiv und ungestüm beschrieben werden – was oft fälschlicherweise als „nervös" bezeichnet wird. Dieses Wort hat einen negativen Beigeschmack, da es eine mentale Störung beinhaltet – ein Belgischer Schäferhund ist aber nicht nervös! Er ist lediglich aktiv und steckt voller Ideen.

Manchmal bedürfen seine extrem schnellen Reflexe sicherer Kontrolle, um nicht als zu abrupt wahrgenommen zu werden. Der Belgische Schä-

das ist nicht nur die Folge seines über-schäumenden Temperaments, sondern auch seines Hüteinstinkts, der ange-borenen Fähigkeit, Herden zu treiben und zu bewachen. So hat er auch heu-te noch den Drang, alles, was wichtig für ihn ist, zu umkreisen: seine Herde, seine Familie, seinen Herrn auf dem Spaziergang usw.

Bellen ist für einen aufmerksamen Hund, der das Eigentum seines Herrn, das Haus, das Auto, die Schafe bewacht, ebenfalls völlig natürlich. Wenn Ihr Hund aber stundenlang bellt, wenn Sie ihn zu Hause allein lassen, so tut er dies zwar aus Einsamkeit, dennoch ist es eine Unart, die abgestellt werden kann und muss.

Leichte Erregbarkeit kann im allge-meinen schon dadurch geheilt werden, dass der Mensch stets versucht, völlig ruhig und gelassen zu bleiben, dass er seinem Hund jede Menge Bewegung bietet und alle Aktivitäten vermeidet, die bei seinem Hund Erregungszu-stände auslösen könnten.

Der Belgische Schäferhund als Hausgenosse

Wenn Sie ein erfahrener Hundetrainer sind, versteht es sich von selbst, dass Sie mit einem Belgischen Schäferhund die beste Wahl treffen. Mit ihm können Sie es weit bringen; er lechzt geradezu nach Herausforderungen und sinnvol-ler Ausbildung.

Wir wissen, dass heutzutage nur noch wenige Belgische Schäferhunde als Hütehunde arbeiten, aber da sie mit Sicherheit zu den vielseitigsten Rassen

Kopfstudie dreier Malinois.

Eine liebenswerte Laekenois Hündin und ihre junge Besitzerin.

Nicht jeder ist als Aussteller geeignet, und man sollte sich möglichst schon vor dem Kauf eines Welpen entscheiden, ob man seinen Hund ausstellen will oder nicht. Ein seriöser Züchter, der dies vorher weiß, hilft Ihnen bei der Auswahl eines in dieser Hinsicht vielversprechenden Welpen. Welpen, die „nur" Haushunde sein sollen, haben manchmal kleine Fehler, durch die sie zwar ungeeignet für Ausstellungen sind, die aber ihr langes, glückliches Leben als Familienhunde in keiner Weise beeinträchtigen.

Oft entwickelt sich ein Welpe so gut, dass der Besitzer voller Stolz das Bedürfnis hat, die Öffentlichkeit an seiner Begeisterung teilhaben zu lassen. Ausstellungen bieten eine gute Gelegenheit hierzu! Man muss als Aussteller keine besonderen Talente haben, aber der Hund muss in guter Kondition sein, ein gepflegtes Haar haben, und vor allem darf er nicht scheu, aggressiv oder nervös sein. Auch hier ist Training das beste Mittel, denn kein Richter wird

zählen, können sie in allen Disziplinen des Hundesports zu Höchstleistungen trainiert werden: in Obedience, Agility, im Fährtengelände, in den verschiedensten Arbeitsprüfungen und allen ähnlichen Aktivitäten.

Der Tervueren Kouros of the Two aus einem Wurf von Grimm van de Hoge Laer und Glimpi of the Two.

Neben dem Hundesport hat die Beliebtheit der Hundeausstellungen auch bei den Belgischen Schäferhund Besitzern deutlich zugenommen. Wenn Sie Ihren Hund ausstellen wollen, müssen Sie sich über folgendes klar sein: Erfolge sind nur möglich, wenn Ihr Hund in guter Kondition ist und sowohl in seinem Erscheinungsbild als auch im Wesen in hohem Maße die erwünschten Eigenschaften verkörpert. Die Teilnahme an Ausstellungen ist sicher aufregend, aber ohne den erhofften Erfolg möglicherweise sehr enttäuschend.

einen undisziplinierten Hund im Ring dulden (und das muss er auch nicht). Besuchen Sie Hundeausstellungen als Zuschauer, machen Sie sich mit den Abläufen vertraut und treffen Sie andere Aussteller! Sie sind gut beraten, wenn Sie mit Ihrem Hund zunächst ein Ringtraining absolvieren, bevor es ernst wird. Eine gute Möglichkeit bietet sich in Kursen, die von vielen Rassehundeklubs angeboten werden. Dies empfiehlt sich sogar, wenn Sie nicht ernsthaft beabsichtigen, Ihren Hund auszustellen, denn jede Art von sanfter Erziehung kann nur nützen. In jedem Fall empfiehlt sich das Studium des Rassestandards für Belgische Schäferhunde, damit Sie ungefähr wissen, nach welchen Kriterien der Richter Ihren Hund beurteilt.

Auch wenn Sie sich weder für Hundeausstellungen noch für den Hundesport interessieren und „nur" einen Haus- und Familienhund haben möchter, ist der Belgische Schäferhund eine gute Wahl: Die meisten Belgischen Schäferhunde werden als reine Haus-

hunde gehalten, und dies sicherlich nicht ohne Grund. Natürlich ist für jeden Hund eine gewisse Grunderziehung unerlässlich, damit das Zusammenleben mit ihm störungsfrei und angenehm ist.

Zu den Vorzügen des Belgischen Schäferhundes als Haus- und Familienhund gehören

- eine gute Gesundheit mit eher seltenen medizinischen Problemen,
- ein Verhalten voller Hingabe und Treue zum Besitzer und sein Wunsch, diesem Freude zu bereiten,
- sein Gehorsam beim Befolgen von Befehlen, das Einhalten grundsätzlicher Regeln im Haus,
- seine Wachsamkeit und sein Schutzinstinkt, die ihn zum idealen Wachhund für Haus und Hof machen,
- seine Bewegungsfreude und sein Tatendrang, die ihn zum ausgezeichneten,

Grimm van de Hoge Laer, ein Tervueren, ist Nachkomme von Zarka of the Two und Glimpi of the Two.

Belgische Schäferhunde und Schipperkes haben wahrscheinlich einen gemeinsamen Vorfahren den Leuvenaar.

- Spielgefährten und Begleiter beim Training und auf Spaziergängen machen,
- sein hübsches Aussehen, das ihn zur Augenweide werden lässt.

Der Belgische Schäferhund genießt den Ruf, ein besonders guter Familienhund zu sein. Er ist schön, lebhaft, zärtlich, intelligent, erziehbar, anpassungsfähig und beschützend. All diese Tugenden sichern seine stets ansteigende Beliebtheit als Ausstellungs- oder Gebrauchshund, beim Hundesport und natürlich als treuer, attraktiver Begleithund. Wichtiger als sein Gehorsam, seine Intelligenz und sein Dienst am Menschen ist seine Treue. Wenn Sie ihm die Zuwendung und Pflege schenken, die er braucht, belohnt er dies mit der Hingabe, der unermesslichen Zuneigung und der Treue, für die er in der ganzen Welt gerühmt wird.

Erbliche Erkrankungen

Der Belgische Schäferhund ist eine gesunde Rasse. In den Standards vieler Rassen werden bestimmte anatomische Merkmale als typisch und sogar erwünscht genannt, die in extremer Ausprägung zu gesundheitlichen Defekten der Hunde führen können, wie zum Beispiel zu Atemproblemen, Augenerkrankungen, Hautinfektionen usw.

Der Körperbau und die Merkmale des Belgischen Schäferhundes sind dagegen als durch und durch normal zu bezeichnen und beeinträchtigen sein Wohlergehen in keiner Weise. Zum Beispiel: Er hat weder Über- noch Untergröße, sein Fang ist nicht kurz, sein Schädel weder zu breit noch zu schmal,

Egal welche Farbe oder Fellvarietät, vom Charakter her sind alle Belgischen Schäferhunde gleich.

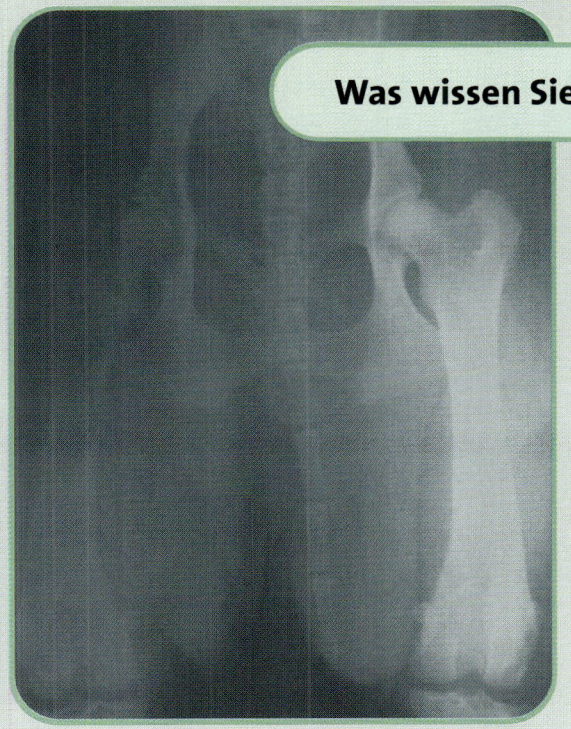

Was wissen Sie über Hüftgelenksdysplasie?

Die Hüftgelenksdysplasie ist ein Problem, das relativ häufig bei Hunden festzustellen ist. Bei Hunden mit Hüftgelenksdysplasie ist das Hüftgelenk ein- oder beidseitig deformiert. Durch die Belastung wird der Zustand zunehmend schlimmer. Das Gelenk nutzt sich bis zu einem Punkt ab, an dem es zu Arthritis kommt. Eine Hüftgelenksdysplasie kann nur anhand von Röntgenaufnahmen festgestellt werden, jedoch können bestimmte Symptome Hinweise auf die Krankheit geben. Ihr Hund könnte an Hüftgelenksdysplasie leiden, wenn er sich auf eigentümliche Art bewegt, ar statt fließend zu rennen hüpft, beide Hinterbeine im Einklang benutzt, um den Druck auf das schwache Gelenk zu vermindern, Probleme beim Aufstehen hat und beim Sitzen stets beide Hinterbeine zu einer Körperseite schiebt.

Ein Hund kann sich an das Leben mit einem Hüftschaden begrenzt gewöhnen, jedoch wird er in nur wenigen Jahren unter Arthritis leiden. Viele Hunde, die dieses Krankheitsbild aufweisen, leiden sehr. Die Hüftgelenksdysplasie ist eine erblich bedingte Erscheinung, deren Röntgendiagnose erst im Alter von zwölf Monaten wirklich zuverlässig ist. Einige Spezialisten sagen, dass eine besondere Diät dem Welpen dabei helfen kann, der Hüftgelenksdysplasie zu entwachsen, jedoch ist in den meisten Fällen ein chirurgischer Eingriff nötig. Dabei werden der Kammmuskel und der runde Kopfteil des Oberschenkelknochens entfernt, das Becken rekonstruiert und die Hüfte durch eine künstliche ersetzt. All diese chirurgischen Maßnahmen kosten viel Geld, jedoch sind diese Eingriffe dafür auch sehr erfolgreich. Richten Sie sich also in jedem Fall nach den Empfehlungen Ihres Tierarztes.

Die Abbildung oben zeigt die Röntgenaufnahme eines gesunden Hüftgelenks.

Die Abbildung rechts zeigt die Röntgenaufnahme eines mittelschwer geschädigten Hüftgelenks.

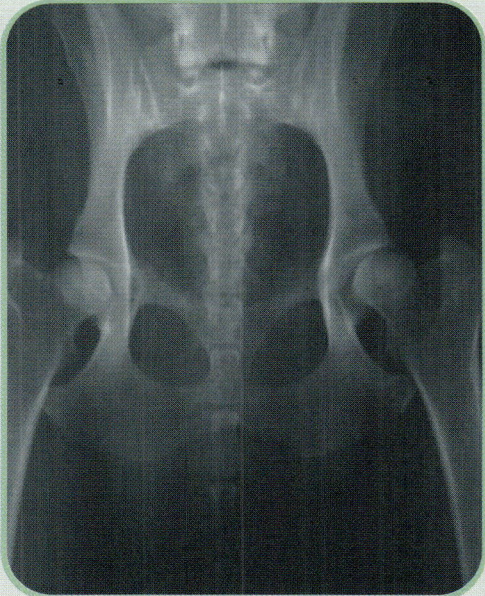

seine Haut nicht lose oder gar faltig, sein Körper ist nicht zu schwer und seine Gelenke weder zu steil noch überwinkelt. Er zeigt also glücklicherweise keinerlei Übertreibungen!

Dennoch treten bei Hunden manche gesundheitlichen Probleme unabhängig von ihren körperlichen Gegebenheiten auf, sie sind oft genetisch bedingt und durch unverantwortliches Züchten in manchen Blutlinien gefestigt. Obwohl es einige bekannte Erbkrankheiten auch beim Belgischen Schäferhund gibt, ist mit Genugtuung festzustellen, dass solche Defekte nicht die Rasse in ihrer Gesamtheit bedrohen. Im folgenden sollen einige dieser genetischen Defekte kurz beschrieben werden.

Hüftgelenksdysplasie

Hüftgelenksdysplasie ist die bekannteste und am besten erforschte Erbkrankheit bei fast allen Hunderassen. Sie bedeutet eine ein- oder beidseitige Missbildung der Hüftgelenke.

Die Hüfte ist ein Kugelgelenk, bei dem normalerweise der Oberschenkelkopf (die Kugel) perfekt in die gut entwickelte Hüftgelenkpfanne eingepasst ist. Hunde mit schwerer HD zeigen auf dem Röntgenbild eine unnormal abgeflachte Gelenkpfanne und einen kleinen, verformten oder flachen Oberschenkelkopf. Die Ausprägung dieser Missbildungen und der Lockerheit der Hüftgelenke wird meist in folgende HD-Grade eingeteilt: A = frei, B = Übergangsform oder fast normal, C = leicht, D = mittel, E = schwer.

Die Krankheit ist genetisch bedingt, dennoch spielen auch Ernährungs- und Umweltfaktoren eine Rolle. Man tut gut daran, Welpen nicht zu überfüttern und durch zu viel Bewegung zu überfordern.

Von Hüftgelenksdysplasie sind vor allem größere Rassen betroffen, seltener kleine. Der Prozentsatz der HD-freien Hunde ist beim Belgischen Schäferhund recht hoch. Dennoch sollte für alle in der Zucht eingesetzten Hunde durch Röntgen der Nachweis der HD-Freiheit erbracht werden. Die Zucht ohne jede HD-Kontrolle kann einer aufstrebenden Rasse wie dem Belgischen Schäferhund enormen Schaden zufügen. In vielen Ländern führen die Rasseklubs dankenswerterweise ein HD-Register, sie fordern (oder empfehlen zumindest) vor der Zuchtzulassung einen HD-Freiheitsnachweis durch Röntgen.

Nach französischen Statistiken sind über 90 % der HD-geröntgten Belgischen Schäferhunde vollkommen HD-frei (HD-0) oder fast normal (HD-1). Diese Resultate sind beruhigend, sie liefern aber auch das Argument dafür, streng in dieser Richtung fortzufahren.

Die Tatsache, dass HD bei den Belgischen Schäferhunden weniger verbreitet ist als bei anderen Rassen dieser Gruppe wird oft der nicht zu stark ausgeprägten Hinterhandwinkelung und dem recht eleganten Gebäude sowie dem im Verhältnis zur Größe geringen Körpergewicht der Rasse zugeschrieben. Der Deutsche Schäferhund mit seiner extrem gewinkelten Hinterhand gehört dagegen zu den am stärksten HD-belasteten Rassen. Zudem zeugen die statistischen Ergebnisse von einer weiteren, zwar langsa-

Dieser Malinois nimmt die Hürden während einer Arbeitsprüfung ohne Probleme. Belgische Schäferhunde sind sehr aktiv, intelligent und lernbereit.

men aber äußerst positiven Tendenz beim Belgischen Schäferhund. Erkennbare Symptome für HD reichen von leichtem Humpeln bis hin zu permanentem Lahmen. Oft gibt es aber gar keine klinischen oder sichtbaren Anzei-

chen! Sogar bei Hunden mit perfektem Gangwerk zeigt die HD-Röntgenaufnahme nicht selten, dass sie befallen sind. Hunde sind nämlich in der Lage, ihre Beschwerden, sofern die HD nicht zu stark ausgeprägt ist, zu kompensieren.

Auch andere genetisch bedingte Erkrankungen sind beim Belgischen Schäferhund aufgetreten, aber jeweils nur in wenigen Zuchtlinien und bei wenigen Hunden.

Progressive Retina-Atrophie (PRA) und Katarakt

In einigen Ländern sind bei Belgischen Schäferhunden etliche Fälle von Progressiver Retina-Atrophie (PRA), im Volksmund „Nachtblindheit" genannt, gefunden worden. PRA ist eine Degeneration der Netzhaut, die sich im hinteren Teil des Augapfels befindet. Nachtblindheit ist ein erstes klinisches Symptom, dann tritt fortscheitender Verlust der Sehkraft auf, der letztlich zu totaler Blindheit führt. Leider gibt es keine wirksame Behandlung. Die Krankheit ist nur durch strenges Zuchtverbot für befallene Tiere in den Griff zu bekommen. Dies wird jedoch dadurch erschwert, dass die Krankheit oft erst im Alter auftritt.

Katarakt, sowohl der juvenile als auch der des erwachsenen Hundes, ist ebenfalls in einigen Zuchtlinien aufgetreten. Katarakt ist eine Trübung der Linse und kann ebenfalls zur völligen Erblindung führen. Glücklicherweise lassen immer mehr verantwortungsbewusste Züchter ihre Zuchttiere auch regelmäßig auf erbliche Augenerkrankungen untersuchen und züchten konsequent nur mit gesunden Hunden.

Epilepsie

Epilepsie ist eine vererbbare Erkrankung, die sich in krampfartigen Anfällen äußert und bei den langhaarigen Varietäten der Belgischen Schäferhunde ziemlich verbreitet ist. Der Erbgang ist sehr komplex. Die Krankheit ist durch spezielle Medikamente unter Kontrolle zu halten, aber manchmal treten die Anfälle so häufig auf, dass Koma und sogar der Tod die Folge sind. Epilepsie ist ein anerkannt ernstes Problem beim Belgischen Schäferhund, obwohl sich in der Vergangenheit viele Züchter geweigert haben, hierüber auch nur zu diskutieren. Zur Zeit laufen in einigen Ländern Forschungsprogramme zur Prüfung des Erbgangs und der Häufigkeit des Problems. Dazu verlangen manche Klubs, dass die Züchter ihre Zuchthunde auf diesen Defekt untersuchen lassen.

Dennoch ist der Belgische Schäferhund immer eine relativ gesunde Rasse gewesen. Er braucht keine spezielle Pflege und hat eine geringe Krankheitsneigung. Bei artgerechter Haltung besteht die gute Chance, dass er während seines ganzen Lebens den Tierarzt nur für die Routineuntersuchungen und seine Impfungen braucht, und es ist eher unwahrscheinlich, dass Ihr Belgischer Schäferhund eine der genannten Erbkrankheiten bekommt. Nichtsdestoweniger sind die Rasseklubs in der ganzen Welt gut beraten, auch weiterhin streng auf die Gesundheit und das Wohlergehen der Rasse zu achten: Rassespezifische genetische Defekte müssen unter allen Umständen durch strenge Zuchtvorschriften vermieden werden, sonst verbreiten sie sich in Windeseile, wie Negativbeispiele in anderen Rassen gezeigt haben, und man wird sie nicht mehr los.

Der Rassestandard des Belgischen Schäferhundes

Was ist ein Rassestandard?

Der Rassestandard ist, kurz gesagt, die Beschreibung der Körper- und Wesensmerkmale, die das vollkommene Rasseexemplar aufweisen muss. Insofern setzt er anleitend die Maßstäbe, nach denen Züchter ihre Zuchtprogramme aufstellen und ihre Zuchttiere auswählen und nach denen Zuchtrichter die Hunde der jeweiligen Rasse auf Ausstellungen beurteilen.

Wenn Sie sich als stolzer Besitzer eines Belgischen Schäferhundes eines Tages fragen, ob Ihr vielversprechender Welpe sich wie erhofft entwickelt hat, lesen Sie den Rassestandard des Belgischen Schäferhundes! Manchmal ist es für den Laien zwar nicht so einfach, die kynologi-

Der Rassestandard soll sicherstellen, dass der Belgische Schäferhund nach einheitlichen Maßstäben gerichtet und gezüchtet wird. Dieser junge Groenendael hat ein bemerkenswert schönes Fell.

schen Fachausdrücke zu verstehen, aber vielleicht ist Ihr Züchter ja auch hier behilflich. Und außerdem: Ein Blick in das Lexikon hat noch niemandem geschadet. Nach den Bestimmungen der Fédération Cynologique Internationale (F.C.I., dem internationalen Dachverband zahlreicher Nationaler Kennelclubs) werden die Rassestandards vom Ursprungsland der Rasse aufgestellt, in diesem Fall natürlich Belgien. Dieser Standard ist in allen Mitgliedsländern der F.C.I. gleichlautend; in den übrigen kynologisch bedeutenden Ländern unterscheidet er sich etwas im Wortlaut, die grundsätzlichen Forderungen sind jedoch inhaltlich im Großen und Ganzen gleich. Dies gilt auch für den Belgischen Schäferhund.

Der nachfolgend abgedruckte Standard ist von der F.C.I. anerkannt: er beschreibt den idealen Belgischen Schäferhund in allen vier Varietäten vom Kopf bis zu der Rute.

Allgemeines Erscheinungsbild, Verwendung und Wesen

Harmonisch gebauter Hund von mittleren Proportionen, intelligent, widerstandsfähig und gewöhnt an das Leben im Freien, fähig, den jahreszeitlichen Unbilden der Witterung und den häufigen klimatischen Schwankungen in Belgien zu widerstehen. Durch die Harmonie seiner Körperform und die stolze Kopfhaltung soll der belgische Schäferhund den Eindruck einer eleganten Robustheit vermitteln, welche ein Erbteil der Vertreter dieser herausgezüchteten Arbeitsrasse geworden ist. Neben den angeborenen Fähigkeiten als Hüter

der Herden besitzt er die wertvollen Qualitäten eines vorzüglichen Wächters für Haus und Hof. Er ist, falls erforderlich, ohne Zögern, ein hartnäckiger und leidenschaftlicher Verteidiger seines Herrn. Er ist wachsam und aufmerksam, und sein lebhafter und forschender Blick zeugt von Intelligenz.

Kopf

Der Kopf ist charakteristisch gemeißelt, nicht übertrieben lang, trocken; Schädel und Fang sind ungefähr von gleicher Länge; der Fang darf höchstens um ein Weniges länger sein, was dem Gesamtbild einen Ausdruck von Vollendung verleiht.

Nasenschwamm Schwarz, mit gut geöffneten Nasenlöchern.

Fang Mittellang und gegen die Nase zu sich allmählich verjüngend. Der Nasenrücken ist gerade; von der Seite gesehen läuft er parallel zur Stirnlinie. Fangöffnung groß und weit.

Lippen Dünn, straff anliegend und stark pigmentiert. Das Rot der Schleimhäute darf nicht sichtbar sein.

Backen Trocken, ziemlich flach, doch gut bemuskelt.

Gebiss Die Kiefer sind mit starken, weißen regelmäßigen Zähnen besetzt, die tief in den gut ausgebildeten Kiefern eingesetzt sind. Scherengebiss, d. h. die Schneidezähne des Oberkiefers gleiten scherenartig über die Schneidezähne des Unterkiefers und überlagern sie leicht, ohne jedoch den Kontakt zu verlieren. Das Übereinanderliegen der freien Ränder der Schneidezähne ist toleriert; dieses Zangengebiss wird von den Hirten vorgezogen.

Stop Mäßig, doch erkennbar ausgebildet.
Augenbrauenbogen Nicht vorstehend. Der Fang muss unter den Augen gut erkennbare Vertiefungen aufweisen.
Schädel Von mittlerer Breite und in guter Proportion zur Kopflänge. Die Stirn ist eher flach als gerundet; Mittellinie wenig betont; von der Seite gesehen läuft die Stirnlinie parallel zum Nasenrücken.
Augen Von mittlerer Größe, weder zu tief liegend noch vorstehend, leicht mandelförmig, von bräunlicher Farbe, möglichst dunkel. Die Augenlider sind schwarz umrändert. Der Blick ist direkt, aufgeweckt, klug und forschend.
Ohren Hoch angesetzt, eindeutig dreieckig und straff aufrecht getragen; in ihrer Größe passend. Die Ohrmuscheln sind an der Basis gut gerundet.

Hals

Gut abgesetzt, gut bemuskelt, leicht verlängert, gegen die Schultern zu breiter werdend. Ohne Wamme.
Nacken Leicht gebogen.

Vorderhand

Kräftiger Knochenbau, trockene und starke Muskulatur.
Schultern Die Schulterblätter sind lang, schräg, flach anliegend und bilden zum Oberarm den notwendigen Winkel, um den Ellenbogen freie Beweglichkeit zu gewähren.
Oberarme Sie sollen sich genau in der Richtung der Längsachse des Körpers bewegen.
Unterarme Lang und gut bemuskelt.
Vordermittelfuß Kräftig und kurz; die Gelenke sind trocken und ohne eine Spur von Rachitis.
Pfoten Rundlich; Zehen gut gewölbt und eng aneinanderliegend; Ballen fest und elastisch; Krallen dunkel und stark.

Körper Er ist kraftvoll ohne Schwere; beim Rüden entspricht die Länge des Körpers (vom Buggelenk zum Sitzbeinhöcker gemessen) ungefähr der Widerristhöhe. Die Hündin darf etwas länger sein.
Vorbrust Von vorne gesehen wenig breit, darf jedoch nicht eng wirken.

Die größte Gemeinsamkeit zwischen dem Belgischen und dem Deutschen Schäferhund ist ihre Eignung zur Schutzhundausbildung und Ihrem Einsatz bei der Polizei und beim Militär. Von der äußeren Erscheinung her sind diese beiden Rassen sehr unterschiedlich.

Brust Sie ist mäßig breit, soll jedoch tief sein wie bei allen Tieren mit großer Ausdauer. Der Brustkorb wird im oberen Bereich von gut gewölbten Rippen gebildet.
Widerrist Deutlich ausgesprochen.
Obere Linie (Rücken und Lenden) Gerade, breit und stark bemuskelt.
Bauch Mäßig entwickelt, weder abfallend noch windhundart ig aufgezogen, in einer harmonischen Rundung die untere Brustlinie verlängernd.
Kruppe Sehr leicht abfallend, nicht übertrieben breit.

Hinterhand

Kräftig ohne Plumpheit; sie muss sich in derselben Ebene bewegen wie die Vorderhand; Stellung senkrecht zum Boden.
Oberschenkel Breit und stark bemuskelt. Das Kniegelenk liegt ungefähr senkrecht unter dem Hüftgelenk.

Die Augen sollten mittelgroß und dunkelbraun sein mit schwarzen Augenlidern.

Unterschenkel Lang, breit, muskulös; das Sprunggelenk genügend, doch nicht übertrieben gewinkelt. Die breiten Sprunggelenke sollen möglichst tief liegen und kräftig bemuskelt sein. Von hinten gesehen sollen sie vollkommen parallel stehen.
Hintermittelfuß Fest und kurz. Afterkrallen sind nicht erwünscht.
Pfoten Rundlich bis leicht oval; Zehen gewölbt und eng aneinanderliegend; Ballen dick und elastisch; Krallen dunkel und kräftig.

Rute Sie ist gut angesetzt, an der Basis dick und von mittlerer Länge; in der Ruhe wird sie hängend getragen und zeigt auf der Höhe des Sprunggelenks an ihrem Ende eine leichte Biegung nach hinten; In der Bewegung wird sie angehoben und die Biegung an der Spitze wird ausgeprägter; sie darf aber nie einen Haken bilden oder seitlich abweichen.

Haarkleid

Maske Sie muss die Ober- und Unterlippen, den Lippenwinkel und die Augenlider in Form einer einheitlichen schwarzen Zone umschließen.

Farbe

Bei den Tervueren Die Falbfarbe mit schwarzer Wolkung (fauve charbonne) ist die natürlichste und bleibt den anderen Tönungen vorgezogen. Die Falbfarbe soll warm sein, weder hell noch ausgewaschen. Alle Hunde, deren Farbnuance der gewünschten Intensität nicht entspricht, sind von der Formwertnote vorzüglich ausgeschlossen und noch weniger können sie auf ein CAC/

CACIB oder auf die Reserveauszeichnungen Anspruch erheben.

Bei den Malinois (Melchener) Nur Falbfarbe mit schwarzer Wolkung und schwarzer Maske erlaubt.

Bei den Groenendael Nur einfarbig schwarz erlaubt.

Bei den Laekenois (Lakense) Falbfarbe mit Spuren einer schwarzen Wolkung hauptsächlich am Fang und an der Rute. Etwas Weiß an der Vorbrust und an den Zehen ist zulässig.

Beschaffenheit des Haares

Das Haar ist bei den belgischen Schäferhunden von verschiedener Länge, Anlage und Struktur. Daher dient dieses Merkmal als Kennzeichen zur Unterscheidung der verschiedenen Varietäten der Rasse. Bei allen Varietäten muss das Haar reichlich, dicht und von guter Struktur sein; zusammen mit der Unterwolle soll es einen vorzüglichen Schutzmantel bilden.

Haut

Elastisch, aber straff am Körper anliegend. Die sichtbaren Schleimhäute sind stark pigmentiert.

Größe

Die gewünschte Größe ist durchschnittlich 62 cm für die Rüden, 58 cm für die Hündinnen. Toleriert werden Abweichungen von 2 cm nach unten und 4 cm nach oben.

Gangwerk

Der Bewegungsablauf ist lebhaft, ungezwungen und so raumgreifend wie möglich. Der belgische Schäferhund ist

Der Kopf sollte fein gemeißelt und lang sein, aber nicht zu lang.

ständig in Bewegung und scheint unermüdlich.

Bei seinem übermütigen Temperament neigt er eher zur Bewegung in Kreisen als in einer geraden Linie.

Fehler

Jede Abweichung von den vorgenannten Punkten muss als Fehler betrachtet werden, dessen Bewertung im genauen Verhältnis zum Grad der Abweichung stehen sollte.

Charakter Ängstlich oder aggressiv
Nasenschwamm, Lippen und Augenlider Spuren von Pigmentverlust
Gebiss Leichter Rückbiss
Augen Hell
Schultern Zu steil
Hinterhand Schwach, steile Winkelungen der Sprunggelenke

47

Der Körper des Belgischen Schäferhundes sollte elegant und zugleich kräftig sein.

Pfoten Gespreizte Zehen
Rute Zu hoch getragen, Hakenrute, seitwärts abweichende Rute
Haarkleid Fehlen der Unterwolle
Farbe Grau, Falbfarbe zu wenig warm oder ausgewaschen; umgekehrte Maske.

Ausschließende Fehler
Gebiss Ausgeprägter Rück- oder Vorbiss. Fehlen von bestimmten Prämolaren; das Fehlen eines kleinen Prämolaren (PM1) direkt hinter den Reißzähnen wird in der Beurteilung nicht berücksichtigt. Dagegen bewirkt das Fehlen von 2 PM1 oder eines anderen Prämolaren, unabhängig ihrer Stellung in der Zahnreihe, die Ver-

gabe einer schlechteren Formwertnote. Das Fehlen von drei Prämolaren, unabhängig ihrer Stellung in der Zahnreihe, oder das Fehlen von 2 Molaren hat Disqualifikation zur Folge.
Ohren Hängeohren oder Ohren, die manipuliert worden sind.
Rute Fehlende oder kupierte Rute, angeborene Stummelrute oder radikal kupierte Rute.
Farbe Weiße Abzeichen anderswo als an Brust und Zehen. Bei den Tervueren und **Malinois** Fehlen der Maske.
Charakter Drohend abweisende oder übertrieben aggressive, ebenso wie übernervöse und ängstliche Hunde werden

Korrekter Körperbau; kräftiger gerader Rücken; tiefer Brustkorb; nicht übermäßig stark aufgezogene Bauchlinie

Weicher Rücken mit gewölbter Oberlinie; unterentwickelter Brustkorb; zu stark (windhundartig) aufgezogener Bauch.

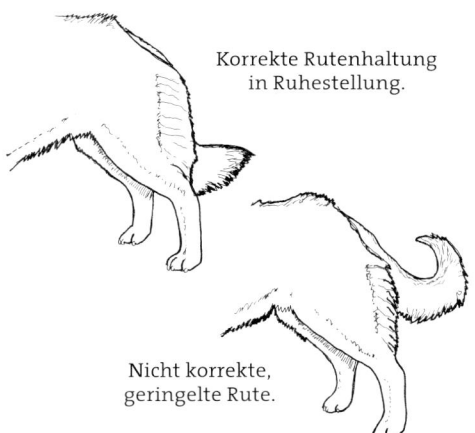

Korrekte Rutenhaltung in Ruhestellung.

Nicht korrekte, geringelte Rute.

Die Ohren sollten dreieckig und hoch auf dem Schädel angesetzt sein.

Zu weit voneinander, seitlich angesetzte Ohren.

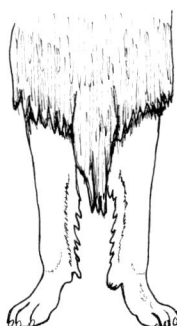

Korrekte Hinterhand; Läufe stehen parallel zueinander.

Schwache Hinterhand; kuhhessig mit nach außen gestellten Pfoten.

Die Vorderläufe sind lang und gerade und stehen parallel zueinander.

Fehlerhafte Vorderhand; Läufe stehen zu dicht, Pfoten sind nach außen gestellt.

Der Groenendael hat ein langes, glattes Deckhaar.

disqualifiziert. In der Beurteilung legt man Wert auf ein ruhiges und beherztes Verhalten.

Maße Bei einem mittelgroßen Rüden von 62 cm Widerristhöhe:

Risthöhe	62 cm
Körperlänge (Bugspitze bis Sitzbeinhöcker)	62 cm
Länge des Rückens (Widerrist bis Beckenkamm)	41 cm
Brustumfang (hinter den Ellenbogen gemessen) mind.	75 cm
Tiefe der Brust	31 cm
Abstand vom Boden bis zur Brust	31 cm
Länge des Kopfes	25 cm
Länge des Fangs	12,5 bis 13 cm

Varietäten
A. Langhaar Kurzes Haar am Kopf an den Außenseiten der Ohren und an den Gliedmaßen, mit Ausnahme der Hinterseite der Vorderläufe, die vom Ellenbogen bis zum Vordermittelfuß mit Fransen besetzt sind. Sonst am Körper ist das Haar lang und glatt. Reich und länger an Hals und Vorbrust, wo es eine Hals- und Brustkrause bildet. Die Öffnung der Ohrmu-

schel ist durch dichte Haarbüschel geschützt. Die Haare sind von der Basis der Ohren an nach oben gerichtet und umrahmen den Kopf. Die Keulen sind mit sehr langem und dichtem Haar versehen, sogenannte Hosen bildend. Auch die Rute ist mit sehr langem dichtem Haar versehen und bildet eine Fahne.
Zu den langhaarigen Varietäten gehören:
Der Groenendael Sein Haar ist einfarbig schwarz.
Der Tervueren Die Falbfarbe mit schwarzer Wolkung (fauve charbonnè) ist die natürlichste und bleibt den anderen Tönungen vorgezogen. Die Falbfarbe soll warm sein, weder hell noch ausgewaschen. Alle Hunde, deren Farbnuance der gewünschten Intensität nicht entspricht, sind von der Formwertnote vorzüglich ausgeschlossen. Noch weniger können sie auf ein CAC/CACIB oder auf die Reserveauszeichnungen Anspruch erheben. Für die schwarze Maske gilt als absolutes Minimum das Vorhandensein von acht Stellen, an welchen die Haare schwarz pigmentiert sein müssen: an beiden Ohren, an beiden Augenlidern, an beiden Ober- und beiden Unterlippen.
Nicht falbfarben-schwarzgewolkes Langhaar siehe Fehler/Haarkleid.

Fehler Wollenes, gelocktes oder gewelltes Haar, zu kurzes Haar.
Beim Groenendael: Roter Schimmer im schwarzen Haar; graue Hosen.
Beim Tervueren: Unerwünscht sind graue Farbe, ein zu wenig intensiver oder ausgewaschener Farbton der Falbfarbe, Fehlen der schwarzen Wolkung oder schwarze Wolkung in Form von Platten

am Rumpf, ungenügende Maske oder umgekehrte Maske. Zu stark ausgesprochene Wolkung am Rumpf ist ebenfalls unerwünscht.

B. Kurzhaar Sehr kurz am Kopf an den Außenseiten der Ohren und unten an den Gliedmaßen; am ganzen Körper kurz; etwas länger an Rute und Hals, wo das Haar einen Kragen bildet, der an der Basis der Ohren beginnt und bis zur Kehle reicht. Außerdem ist der hintere Rand der Keulen mit etwas längerem Haar befranst. Die Rute ist buschig.

Zu der kurzhaarigen Varietät gehört:

Der Malinois (Melchener) Kurzhaarig, falbfarben schwarzgewolkt (fauve charbonné) mit schwarzer Maske. Für die Maske ist das Vorhandensein derselben im Minimum acht pigmentierten Steilen der Haare wie beim Tervueren zu beachten. Ein kurzhaariger belgischer Schäferhund von anderer Farbe als Falbfarben schwarzgewolkt wird nicht anerkannt.

Fehler Halblanges Haar, wo es kurz sein sollte, im Kurzhaar eingestreutes rauhes Haar, gewelltes Haar. Gänzliches Fehlen der schwarzen Wolkung, schwarze Wolkung in Form von Platten am Körper, ungenügende oder umgekehrte Maske; eine zu starke schwarze Wolkung am Körper ist nicht erwünscht.

C. Rauhaar Kennzeichnend ist der Zustand von Rauheit und Trockenheit des Haares, welches zudem zerzaust wirkt. Die Länge am ganzen Körper beträgt etwa 6 cm, doch soll es weder am Fang noch rund um die Augen so lang sein, dass es dem Hund das Aussehen eines Barbet oder Briards geben würde. Der Fang muss hingegen

unbedingt reichlich behaart sein. Die Rute darf keine Fahne bilden.

Zu der rauhaarigen Varietät gehört:

Der Laekenois (Lakener) Rauhaar, falbfarben (fauve) mit Spuren von schwarzer Wolkung hauptsächlich an Fang und Rute.

Fehler Zu langes, seidiges Haar, gewelltes oder kurzes Haar; sehr viel in Form von Strähnen im Rauhaar eingestreutes feines Haar; zu langes Haar um das

Auge herum und unten am Ende des Kopfes; buschige Rute.

Kreuzungen zwischen den einzelnen Varietäten

Sämtliche Kreuzungen zwischen den Varietäten sind verboten. In Ausnahmefällen können von den nationalen Zuchtkommissionen Bewilligungen erteilt werden (Reglement 1974, Paris).

N.B.

Rüden sollen zwei offensichtlich normal entwickelte Hoder aufweisen, die sich vollständig im Hodensack befinden.

Auch wenn sie letztlich sehr unterschiedlich erscheinen, ist der Körperbau der Belgischen Schäferhunde bei allen Varietäten gleich.

Ihr Belgischer Schäferhund als Welpe

Es gibt wohl kaum etwas Aufregenderes für Sie, als Ihren Welpen auszusuchen! Wenn Sie nach gründlicher Prüfung sicher sind, dass eine Belgischer Schäferhund der richtige Hund für Sie und Ihre Familie ist, können Sie sich auf die Suche nach einem angesehenen Züchter machen.

Bevor Sie zu dem Züchter gehen, sollten Sie sich bewusst sein, wofür Sie Ihren neuen Begleiter haben möchten. Er sollte sich schon in Ihren Alltag einfügen können – nicht nur jetzt, sondern mindesten die nächsten zwölf Jahre! Wollen Sie mit Ihrem Belgischen Schäferhund Ausstellungen besuchen, mit Ihm Arbeitsprüfungen ablegen oder ihn als Haus- und Familienhund halten?

Sie sollten sich auch der Verantwortung, die Sie übernehmen, und der Konsequenzen, die das Zusammenleben mit einem Hund mit sich bringt, bewusst sein, bovor Sie einen Züchter besuchen. Bedenken Sie, dass Ihr Hund vollkommen abhängig von Ihnen sein wird! Denken Sie daran, dass

- alle Familienmitglieder mit der Anschaffung eines Hundes einverstanden sein müssen!
- Ihre Kinder den Welpen – unter Ihrer Aufsicht selbstverständlich! – als Spielpartner und nicht als Spielzeug betrachten und den Hund respek-

tieren. Ihre Kinder sollten etwa fünf Jahre alt sein!

- Sie Ihren Kindern auch den richtigen Umgang mit dem Hund erklären müssen.
- die Pflege Ihres Hundes, das tägliche Füttern, das Hinuntergehen, die Fellpflege, die Erziehung, sich sein gesamtes Leben um ihn zu kümmern Sie sehr viel Zeit kosten wird!
- die Kosten für Futter, Spielsachen, Tierarztrechnungen und so weiter von Ihrem Familienbudget abgehen werden.

Lassen Sie sich Zeit mit dem Welpenkauf

Um einen gesunden Welpen zu erwerben, ist es sehr wichtig für Sie, einen anerkannten Züchter zu finden, bei dem Sie sich wirklich wohlfühlen. Ihr Züchter steht Ihnen auch nach dem Kauf noch für alle Fragen zur Verfügung und ist bei allen Problemen an Ihrer Seite, ohne dass Sie sich als Belastung fühlen müssten. Wenn Sie mit einem Züchter keine persönliche Basis finden, schauen Sie sich lieber noch nach einigen anderen um, bevor Sie Ihren Welpen kaufen.

- jemand auf Ihren Hund aufpassen muss, wenn Sie im Urlaub sind!

Die Beschaffung eines Welpen

Wenn Sie alle genannten Anforderungen erfüllen, suchen Sie sich einen seriösen Züchter mit gutem Ruf, aber behalten Sie in jedem Fall kühlen Kopf! Wählen Sie nicht unbedingt den am nächsten wohnenden Züchter, und kaufen Sie auch nicht gleich den ersten Welpen, der Ihnen die Nase leckt.

Lassen Sie sich zunächst von Ihrem Tierarzt beraten, oder wenden Sie sich am besten gleich an einen die Belgischen Schäferhunde betreuenden VDH-Mitgliedsverein, der Ihnen sicher gern Empfehlungen geben wird.

Ein verantwortungsbewusster Züchter, dem seine Tiere am Herzen liegen, zieht die Welpen im Haus auf. Bei Ihrem unverbindlichen Besuch wird er Sie gern beraten und Ihnen bei der Welpenauswahl helfen – deshalb sagen Sie von Anfang an deutlich, ob es ein Rüde oder eine Hündin sein soll und für welchen Zweck Sie Ihren Welpen erwerben möchten: „nur" als Familienmitglied, für Zucht und Ausstellung oder für den Hundesport.

Ein guter Züchter gibt nur gesunde, leistungsfähige Hunde ab und steht Ihnen auch nach dem Kauf mit Rat und Hilfe zur Verfügung. Gehen Sie keinesfalls zu Massenzüchtern!

Der verantwortungsvolle Züchter zeigt Ihnen Mutter und wenn möglich auch den Vater der Welpen. Deren Aussehen und Verhalten geben Ihnen schon jetzt Hinweise auf die Entwicklung Ihres Welpen. Er erklärt Ihnen die Ahnentafel und

Wussten Sie schon?

Vor allem der Welpe leidet, wenn er von jemandem erworben wurde, der ihm nicht die nötige Zeit und Zuwendung schenkt. Diese vernachlässigten Welpen werden oftmals von ihren frustrierten Besitzern in ein Tierheim abgeschoben. Alle Überlegungen, die Sie vor der Anschaffung des Welpen anstellen, dienen dem Wohl des Hundes genauso wie Ihrem eigenen. Je umfassender Sie sich informiert haben, desto klarer ist Ihnen, was auf Sie zukommt. Sie werden besser mit den Höhen und Tiefen der Welpenaufzucht umgehen können. Alle Mitglieder Ihres Haushalts müssen bereit sein, ihren Teil bei der Pflege und der Erziehung des Hundes zu übernehmen. Die erste Begeisterung führt oft zu großen Versprechungen („Ich werde jeden Tag mit ihm spazierengehen!" – „Ich werde ihn füttern!" – „Ich werde ihn stubenrein bekommen!") Dies wird jedoch schnell vergessen, wenn der Reiz des Neuen vergangen ist, und man merkt, dass diese Dinge Zeit und Mühe erfordern.

informiert Sie über die Vorfahren Ihres Kleinen und deren Erfolge. Diese Informationen können sich als sehr wichtig erweisen, vor allem, wenn Ihr Welpe zu einem standardgerechten, typischen Belgischen Schäferhund heranwachsen soll. Dennoch ist nicht alles planbar. Eins ist aber sicher: Es ist Glückssache, einen Welpen aus Champion-Abstammung zum Champion zu machen – wenn ein Welpe von mittelmäßigen Eltern Champion würde, wäre das allerdings schon fast ein Wunder!

Beobachten Sie das Verhalten der Welpen untereinander. Lassen Sie die Finger von scheuen, zurückweichenden Welpen – diese werden vermutlich zu

Die Auswahl des Welpen

Vor dem Kauf Ihres Welpen sollten Sie sich darüber im Klaren sein, ob Sie einen Ausstellungshund oder „nur" einen Familienhund haben möchten. Eine „Champion-Garantie" kann Ihnen kein Züchter geben, aber seine Erfahrung lässt zumindest eine Prognose zu. Auf jeden Fall sollte der Welpe ein gutes Wesen zeigen! Was nützt der schönste Hund, wenn er nicht das rassetypische Verhalten zeigt, weil der Züchter nur auf das Aussehen seiner Hunde achtet?

ängstlichen, unsicheren Hunden heranwachsen, was bei Belgischen Schäferhunden durchaus vorkommt. Andererseits können aus extrem selbstbewussten Welpen übermäßig dominante Hunde werden. Wählen Sie einen zutraulichen, vertrauensvollen, aufmerksamen, fröhlichen, verspielten Wel-

Schauen Sie sich – wenn möglich – auch den Vater Ihres Welpen an. Die Hündin muss bei Ihrem Züchter sein. Wundern Sie sich nicht, wenn sie sich nicht in allerbester Verfassung zeigt, schließlich hat sie eine anstrengende Zeit hinter sich!

Versicherungen

Eine Haftpflichtversicherung ist auch für einen kleinen Hund dringend anzuraten. Für alle Schäden, die Ihr Hund verursacht, haften Sie! Züchter mit mehreren Hunden können eine Zwingerhaftpftlichtversicherung abschließen. Bitte beachten: Ein Hund ist nicht automatisch in der Privathaftpflicht- oder Hausratversicherung mitversichert! Eine Hunde-Krankenversicherung kann Ihnen viel Geld ersparen. Vergleichen Sie die Leistungen der Gesellschaften, einige erstatten sogar anteilmäßig die jährlichen Impfkosten.

pen, der gesund wirkt, ohne Zögern zu Ihnen kommt und auch bei fremden Geräuschen nicht verschreckt reagiert. Er sollte sich nicht verstecken, sondern neugieriges Interesse zeigen, wenn ein Gegenstand geräuschvoll zu Boden fällt. Übrigens sollte es Ihnen auch zu denken geben, wenn nur ein Welpe im Wurf das gewünschte Verhalten zeigt, alle anderen aber ängstlich zurückweichen. Im Idealfall sollten alle Welpen begeistert angelaufen kommen, wenn sie Besuch erhalten, nach dem Motto: Der Sieger wird als erstes gestreichelt!

Wussten Sie schon?
Sie sollten noch nicht einmal darüber nachdenken, einen krank aussehenden, überaus ängstlichen oder nervösen Welpen zu kaufen. Die Welpen sollten spätestens nach einer halben Stunde mit Ihnen warm geworden sein.

Wichtige Dokumente
Zwei wichtige Dokumente, die Sie vom Züchter bekommen, sind die Ahnentafel und der Impfpass. Aus dem Impfpass geht hervor, ob und wann die vom VDH vorgeschriebenen Grundimmunisierungen gegen die wichtigsten Infektionskrankheiten erfolgt sind. Der Züchter wird Ihnen sagen, wann Sie den Hund zur Nachimpfung beim Tierarzt vorstellen müssen.

Die Ahnentafel ist der Nachweis seiner Abstammung und belegt, dass er unter einer bestimmten Nummer in das Zuchtbuch des nationalen VDH-Rasse-Zuchtvereins eingetragen ist. Sie gibt Auskunft über Ausstellungs- und gegebenenfalls Prüfungserfolge seiner Vorfahren und unter Umständen über Untersuchungen auf mögliche Erbkrankheiten. Achten Sie sorgfältig darauf, dass es sich um einen in einem VDH beziehungsweise FCI anerkannten Verein gezüchteten Welpen handelt. Das muss auf der Ahnentafel vermerkt sein.

Ein Hund mit extrovertiertem Charakter hat es zudem leichter auf Ausstellungen oder auch bei der Ausbildung. Wenn Ihr Besuch jedoch genau mit der üblichen Schlafenszeit der Welpen zusammenfällt, spricht es nur für deren Wesen, wenn sie sich nicht stören lassen und Sie einfach ignorieren.

Es ist auch für den Rassekenner schwierig, theoretische Ratschläge für die Auswahl eines Ausstellunghshundes zu geben. Verlassen Sie sich am besten auf die Erfahrung Ihres Züchters, der die Welpen regelmäßig beobachtet und deshalb sicherlich beurteilen kann. Er wird sich Mühe geben, denn immerhin ist sein Name mit dem Erfolg oder Misserfolg seines Zuchtproduktes eng verbunden. Aber bedenken Sie: Irren ist menschlich, und bei Lebewesen kann es nun einmal keine Garantien geben. Ein vielversprechender Belgischer Schäferhundwelpe hat einen festen, quadratischen Körper, der Rücken sollte weder eingesenkt noch gewölbt sein, Vorder- und Hinterhand sollten parallel stehen, die Vorderläufe sind gerade, die Hinterläufe keinesfalls kuhhessig. Die Ohren sind so klein wie möglich und stehen mit sieben bis zwölf Wochen schon straff aufrecht.

Entscheiden Sie sich für einen Welpen, der, anstatt zu hoppeln, schon flüssig und leichtfüßig trabt mit parallelen Gliedmaßen und gerader, fester Oberlinie.

Hat ein Welpe einen aufgeblähten, festen Bauch, kann dies auf Wurmbefall hindeuten. Fragen Sie den Züchter nach den Impfungen, den Entwurmungen und weiteren gesundheitlichen Vorsorgemaßnahmen.

Die Haarfarbe hat beim Belgischen Schäferhund eine besondere Bedeutung. Voraussagen über die später vorhandene schwarze Wolkung beim Malinois und beim Tervueren sind nicht leicht, Hinweise darauf gibt es aber manchmal schon kurz nach der Geburt. Beide sollten ab dem Alter von sieben Wochen am ganzen Körper eine warme Falbfarbe zeigen, zu dieser Zeit beginnt auch die Entwicklung der schwarzen Wolkung. Eine schwarze Maske oder ein schwarzer Fang sollten in jedem Alter klar erkennbar sein.

Bei keiner Varietät ist Weiß zugelassen, geduldet werden nur ein kleiner Fleck an der Brust und etwas Weiß auf den Zehen.

Welches Geschlecht soll Ihr Welpe haben? Es gibt einige Unterschiede: Rüden sind im allgemeinen kräftiger und imposanter, sie haben mehr Haar (besonders die langhaarigen), das ca. einmal im Jahr wechselt, was mit starkem Haaren verbunden ist. Manche sind unabhängiger mit gewisser Neigung zum Streunen, gelegentlich auch recht streitsüchtig mit anderen Rüden. Sie lieben es, ihr Territorium zu markieren.

Hündinnen sind femininer, kleiner und etwas zierlicher gebaut. In der Regel haben sie alle sechs Monate ihre ungefähr 21 Tage andauernde Läufigkeit, die anfangs mit einem schleimigen Ausfluss einhergeht. Häufig ist das sich Sauberlecken der Hündin ein erstes Anzeichen. Nach circa sieben Tagen wird der blutige Ausfluss stärker, um in der dritten Woche wieder nachzulassen. Während dieser Zeit müssen Sie Ihre Hündin konsequent von allen Rüden fernhalten, damit es nicht zu einer unerwünschten Trächtigkeit kommt (Verlassen Sie sich nicht auf Ihre Reaktionen – Sie glauben nicht, wie schnell ein routinierter Rüde sein kann!).

In der Regel sind Hündinnen umgänglicher, noch anschmiegsamer und auch von Natur aus gehorsamer – und möglicherweise auch schneller stubenrein. Dennoch: Man sollte diese Unterschiede nicht überbewerten, denn alle Belgischen Schäferhunde – Rüden wie Hündinnen – sind leicht erziehbar und überaus anhänglich.

Alle Welpen sind niedlich und ziehen die Liebe vieler Kinder auf sich... oftmals leider nur für die erste Zeit. Wenn Sie einen Hund anschaffen, müssen Sie sich ganz sicher sein, dass Sie die zeitliche und finanzielle Belastung auch auf Dauer tragen wollen und können.

Welpenpersönlichkeiten

Wenn Sie die Möglichkeit bekommen, sich einen Welpen aus einem Wurf aussuchen zu können, werden Sie bemerken, dass das gar nicht so einfach ist. Suchen Sie den Welpen nach Ihren eigenen Vorlieben aus. Ein ruhiger Welpe passt besser in einen ruhigen Haushalt mit kleinen Kindern, wohingegen ein forscher Welpe schon besser zu einer lebhafteren Familie mit größeren Kindern passt. Fragen Sie im Zweifelsfall Ihren Züchter nach seiner Einschätzung, denn er kennt seine Welpen am allerbesten.

Das beste Alter für die Übernahme des Welpen ist das Alter von neun bis zwölf Wochen. Um den Welpen möglichst gut zu sozialisieren, muss er schon früh an alles gewöhnt werden: er muss viele Menschen klennenlernen, Kontakt zu Artgenossen und anderen Tieren haben, mit fremden Situationen fertigwerden, mit Geräuschen konfrontiert werden, ohne gestresst zu sein. Vor der Übernahme sollte Ihnen der Züchter die Ahnentafeln der Eltern, deren Ausstellungs- und Leistungsurkunden und deren Gesundheitsnachweise vorlegen. Er gibt Ihnen einen Ernährungsplan und wahrscheinlich sogar etwas Futter für die ersten Tage mit, um die Umstellung des Kleinen in Grenzen zu halten.

Er wird sich im übrigen sicherlich freuen, regelmäßig von seinem Hundekind zu hören – nicht nur wenn Fragen auftauchen, sondern auch wenn alles in Ordnung ist.

Die Verantwortung des Hundehalters

Nachdem Sie die Anschaffung hinreichend bedacht haben, haben Sie vermutlich schon einige wichtige Entscheidungen zur Welpenauswahl getroffen. Sie haben sich einen Belgischen Schäferhund ausgesucht, weil diese Rasse am besten in Ihre Familie und Ihre sonstigen Lebensumstände passt und die Eigenschaften verkörpert, die Sie von Ihrem Hund erwarten.

Fütterungshinweis

Sie sollten Ihren Welpen in den ersten Wochen mit demselben Futter versorgen, das er auch beim Züchter erhalten hat. Ein guter Züchter wird Ihnen einen kleinen Vorrat mitgeben. Ein Welpe sollte zwischen den Mahlzeiten nicht mit zu vielen Leckereien verwöhnt werden. Der Kalorienbedarf eines jungen Hundes ist relativ niedrig, und einige Leckerchen können schnell den Bedarf für den gesamten Tag decken, ohne dass der Welpe die notwendigen Nährstoffe zu sich genommen hat.

Wenn Sie auch schon einen Züchter ausgewählt haben, sind Sie noch einen Schritt weiter: Sie haben – hoffentlich – einen verantwortungsbewussten, vertrauenswürdigen Partner gefunden, der gute Belgische Schäferhunde züchtet und Ihnen während der Zeit der Eingewöhnung des Welpen mit Rat und Hilfe zur Seite steht. Wenn Sie beim Züchter den ganzen Wurf in Aktion beobachtet haben, konnten Sie sich einen ersten Eindruck von der Gruppendynamik eines Welpenrudels verschaffen und damit auch Erkenntnisse über die individuellen Persönlichkeitsmerkmale jedes Welpen gewinnen. Vielleicht haben Sie sich auch schon spontan für einen der Kleinen entschieden, der Ihr Herz im Sturm erobert hat? Doch selbst wenn der Welpe Ihrer Träume noch nicht dabei war, wird das Beobachten der Welpen aufschlussreich sein: Das Verhalten eines Welpen im Spiel mit seinen Geschwistern sagt viel aus über das Verhalten, das der erwachsene Hund an den Tag legen wird. Sie werden jetzt schon den geborenen Rudelführer erkennen, den etwas zurückhaltenderen und den besonders zutraulichen Welpen. Auch ängstliche, verspielte, freund-

Der Eindruck des Welpen

Ihr Welpe sollte einen gut genährten Eindruck machen. Sein Bauch darf nicht aufgebläht sein, denn dies kann auf Wurmbefall und eine falsche Ernährung hinweisen. Die Haut des Abdomens sollte blass rosafarben und sauber sein. Sie darf keine Anzeichen eines Hautausschlags zeigen. Eventuell bei der Geburt vorhandene Wolfskrallen an den Hinterläufen sollten vom Tierarzt entfernt worden sein.

Futterkosten

Der Faktor „Futterkosten" sollte nicht unerwähnt bleiben. Jeder Hund benötigt eine ausgewogene Ernährung, um gesund zu bleiben und die notwendige Muskelkraft und Knochenstabilität zu entwickeln. Eine unzureichende Ernährung kann schnell zu Haut- und anderen Gesundheitsproblemen führen.

liche oder auch jetzt schon aggressive Welpen werden Ihnen auffallen. Nebenbei erhalten Sie einen wichtigen Eindruck vom normalen Verhalten und Aussehen eines gesunden Welpen. Wenn Sie alle angesprochenen Faktoren bei Ihrer Suche vor Augen haben, werden Sie vermutlich auf den ersten Blick wissen, welches der Hund Ihrer Träume ist. Sie haben bereits drei wichtige Schritte – die Auswahl der Rasse, des Züchters und das Beobachten so vieler Welpen wie möglich – und einigen Aufwand auf dem Weg zu Ihrem eigenen Welpen hin-

Ein kurzhaariger Malinois-Welpe braucht die wenigste Fellpflege unter den Belgischen Schäferhunden. Für Menschen, die sich vor Hundehaaren in Ihrer Wohnung fürchten, ist der Malinois die beste Wahl.

ter sich gebracht, aber Sie haben Ihren Kleinen noch nicht einmal zu Hause. Wie schon gesagt: Sie können gar nicht sorgfältig genug bei der Auswahl eines Welpen und beim Sammeln von Informationen vorgehen. Ein Hundekauf darf kein Spontankauf aus einer Laune heraus sein; immerhin müssen Sie sich ein Familienmitglied aussuchen!

Andererseits denken Sie vielleicht, der Erwerb eines Welpen sollte doch ein Vergnügen sein und nicht so viel ernst-

Ihr Zeitplan...

Die Haltung eines Welpen kann beträchtliche Probleme mit sich bringen, wenn Sie ein unstetes Leben mit unregelmäßigem Tagesablauf führen. Vergessen Sie nicht: Ein Welpe muss regelmäßig gefüttert werden; er braucht Ihre Zuneigung und muss sozialisiert werden. Vor allem muss er regelmäßig nach draußen, um sein Geschäft zu verrichten. Erst wenn der Hund älter ist, verkraftet er Abweichungen von der täglichen Routine. Auch jetzt darf er nicht länger als vier Stunden täglich allein sein.

hafte Arbeit bedeuten? Da bleibt nur der Hinweis, dass Ihr Welpe kein kuscheliges Plüschtier oder eine Zierde für Ihren Rasen ist! Ein Vergnügen soll der Welpenkauf schon sein, aber ein mühevolles, das nicht auf die leichte Schulter genommen werden darf. Seien Sie sicher: Der Spaß beginnt, wenn Ihr Welpe sein neues Heim bezogen hat.

Ihr kleiner Belgischer Schäferhund ist in vielerlei Hinsicht nichts anderes als ein Baby – ein Baby mit Fell, praktisch hilflos in einer Menschenwelt und voller Vertrauen darauf, dass Sie seine vitalen Grundbedürfnisse befriedigen. Das geht über Futter, Wasser und einen Schlafplatz hinaus: Ihr Welpe braucht Pflege, Schutz, Erziehung und – vor allem – Liebe. Wenn Sie nicht dazu bereit sind, ihm all dies zu geben, sind Sie als Hundehalter ungeeignet.

Moment mal, mögen Sie jetzt sagen. Wo ist das Problem? Alle meine Nachbarn haben Hunde, und es geht überall gut! Warum sollte ich mir also Sor-

Erledigen Sie Ihre Hausaufgaben!

Um ermessen zu können, ob ein Welpe zu Ihrem Lebensstil passt, müssen Sie sich in ihn hineinversetzen können. Am einfachsten ist dies, indem Sie seine Eltern kennen lernen, denn der Welpe erbt nicht nur die körperlichen, sondern auch viele charakterliche Merkmale von seinen Eltern. Genau wie diese ist er dann eher scheu oder frech!

gen um all dies machen? Nun, das brauchen Sie vermutlich gar nicht, denn Sie werden schnell herausfinden: Wenn Ihr Belgischer Schäferhund sich erst einmal bei Ihnen eingewöhnt hat, wird er sich ganz natürlich in Ihre Familie einordnen und sozusagen von allein seinen Platz finden. Trotzdem sollte immer wieder auf die vielen Verpflichtungen eines Hundehalters hingewiesen werden, oder?

Mit viel Zeit und Geduld sollte es wirklich nicht schwierig sein, aus einem neugierigen Welpen mit überschäumendem Temperament einen wohlerzogenen, an die Familie angepassten erwachsenen Hund zu machen, der Ihr treuester Freund sein könnte.

Die Vorbereitung auf den Einzug des Welpen

Sich über die auserwählte Rasse sachkundig zu machen und einen angesehenen Züchter zu finden, sind nur zwei Aspekte der Hausaufgaben, die Sie vor dem Einzug Ihres Belgischen Schäferhundes zu erledigen haben. Sie müssen auch Ihr Haus und Ihre Familie auf den Zuwachs vorbereiten, und diese Vorbereitungen unterscheiden sich gar nicht viel von den Vorbereitungen auf ein Baby! Ebenso wie Sie für menschlichen Familienzuwachs ein Kinderzimmer vorbereiten würden, benötigt auch Ihr Welpe einen Platz, der ihm allein zur Verfügung steht. Überlegen Sie sich: Soll er sich nur in einem Zimmer, in einem bestimmten Bereich des Hauses oder überall frei bewegen können? Soll er den größten Teil seiner Zeit im Haus verbringen, oder soll er auch einige Zeit

> **Wussten Sie schon?**
> Es kann schon zwei Wochen dauern, bis sich Ihr Welpe an seine neue Umgebung gewöhnt hat. Ihr Welpe braucht viele Streicheleinheiten, regelmäßige Spaziergänge, eine ausgewogene und schmackhafte Ernährung und einen Platz, den er sein Eigen nennen kann.

draußen bleiben? Wofür auch immer Sie sich entscheiden – er muss unbedingt einen Platz nur für sich haben.

Um zu einem ausgeglichenen, angepassten Hund heranwachsen zu können, muss er sich dort vor allem wohlfühlen! Das bedeutet natürlich keinesfalls, dass er die Herrschaft über Ihr Haus ergreifen sollte. Aber machen Sie es ihm am Anfang nicht zu schwer – denken Sie daran, dass er aus der Wärme und Geborgenheit von Mutter und Geschwistern und aus seiner bisherigen vertrauten Umgebung herausgerissen wurde. Dieses Schockerlebnis kann für einen jungen Welpen traumatisch sein. Helfen Sie ihm, indem Sie einen geeigneten Platz für ihn vorbereiten, und geben Sie ihm das Gefühl, dass er in seiner neuen Umgebung ohne Einschrän-

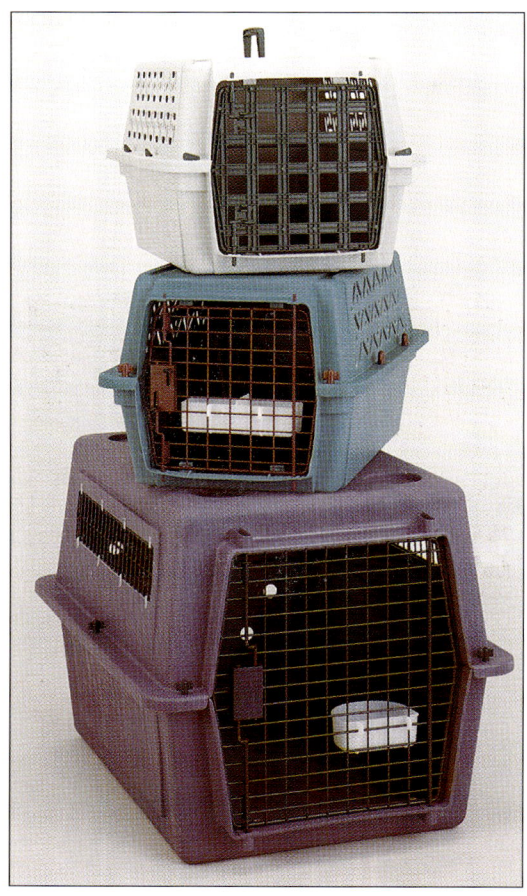

Es gibt hochwertige Boxen in verschiedenen Größen und Ausfertigungen; Lassen Sie sich beraten!

Notwendige Anschaffungen

Die Hundebox oder der Hundekorb

Viele Menschen, die sich mit den Vorzügen einer Hundebox in der Erziehung nicht auskennen, verbinden mit ihr Bestrafung und Wegsperren. Wenn Sie diese aber richtig einsetzen, ist das Gegenteil der Fall. Auch wenn manche Züchter der Box skeptisch gegenüberstehen, empfehlen immer mehr Züchter und Hundetrainer den Einsatz der Box als geeignetes Hilfsmittel bei der Erziehung. Käfige sind nicht grausam, auch wenn besonders in Deutschland dieses Thema sehr sensibel diskutiert wird. Es ist nur grausam, den Käfig als Bestrafung oder als Abstellkammer für ein unbequemes Tier zu nehmen. Für die Erziehung zur Stubenreinheit ist die Hundebox sogar ein sehr verbreitetes und erfolgsversprechendes Hilfsmittel. Sie ist auch eine sichere Unterbringungsmöglichkeit auf Reisen und, vielleicht als wichtigster Punkt, die Box ist der private Platz Ihres Hundes. Sie ist sein Schlafzimmer und Ihr Belgischer Schäferhund kann sich dorthin zurückziehen, wann immer er ungestört sein will. Viele Hunde schlafen die ganze Nacht darin. Mit ein paar kuscheligen Decken und seinem Lieblingsspielzeug, wird sie schnell zu seiner „Lieblinghöhle", denn auch seine Vorfahren lebten in Höhlen, nur dass diese bei weitem nicht so luxuriös ausgestattet waren wie die seine.

Welche Art von Hundebox Sie kaufen, bleibt ganz Ihnen überlassen. Wahrscheinlich entscheiden Sie sich auch für einen der verbreiteten Typen aus Draht

kung willkommen ist. Dann sollte die Eingewöhnungsphase schnell vorüber sein. Stellen Sie sich vor, wie sich ein kleines Kind in einer ähnlichen Situation fühlen würde – Ihr Welpe fühlt sich nicht anders. Es liegt ausschließlich bei Ihnen, ihm die nötige Sicherheit zu geben und ihn spüren zu lassen: „Du kleiner Kerl, Du wirst Dich hier bald wohlfühlen!"

oder aus Kunststoff. Jeder Typ hat seine Vor- und Nachteile. Ein Drahtkäfig ist beispielsweise offener und erlaubt einen besseren Luftaustausch und der Hund sieht alles, was um ihn herum geschieht. Eine geschlossene Kunststoffbox ist hingegen stabiler. Beide Typen können Sie auf Reisen mitnehmen. Sie bieten so Ihrem Hund und Ihnen eine größere Sicherheit während Autofahrten. Bei der Größe der Box bedenken Sie, dass Ihr Welpe sehr schnell heranwächst. Manchmal glaubt man fast, man könnte ihm beim Wachsen zusehen. Ein Käfig, der für Ihren Welpen jetzt noch ausreicht, kann in ein paar Wochen schon wieder zu klein sein. Wenn Sie nicht die Absicht haben, ständig Geld auszugeben, sollten Sie gleich eine Box kaufen, die auch für den ausgewachsenen Hund noch groß genug ist. In ihr sollte sich Ihr Hund ohne Probleme setzen, aufrichten, entspannt liegen und drehen können. Zu groß sollte sie aber auch nicht sein.

Wenn Sie sich nicht mit der Anschaffung eines solchen Käfigs anfreunden können, bleibt natürlich als Alternative das Hundekörbchen. Achten Sie auch hier auf Qualität und wählen Sie einen

Stressfreiheit

Einige Hundemediziner sagen, dass Stress innerhalb der frühen Entwicklungsphase eines Hundes das Immunsystem schwächen und somit die Lebenserwartung verkürzen kann. Sie unterstreichen daher die Notwendigkeit für eine glückliche Entwicklungsphase mit möglichst wenig Stress.

Ein Tipp zur Stubenreinheit

Es ist sinnvoll, die Box Ihres Welpen, falls sie etwas größer ist, in der ersten Zeit zu unterteilen. Wenn die Box zu geräumig ist, wird es ihm nichts ausmachen, dort auch sein Geschäft zu verrichten. Ihre Bemühungen, ihn stubenrein zu bekommen, wären leider vergeblich. Hunde halten ihren Schlafplatz instinktiv sauber. Wenn der Welpe sich aufgrund des reichlichen Platzangebotes weit genug von seinem „Bett" entfernen kann, um sich zu lösen, wird er dies auch in der Box tun. Mit dem Wachstum des Hundes lässt sich der abgeteilte Platz dann je nach Bedarf entsprechend vergrößern. Mit etwas Geduld und Verständnis werden Sie es schaffen, dass sich Ihr Welpe nach kurzer Zeit in seiner neuen Behausung wohlfühlt.

Ein paar weiche Decken machen es Ihrem Welpen besonders angenehm, vor allem wenn Sie eine Decke von Ihrem Züchter bekommen, an der noch der Geruch seiner Mutter und Geschwister hängt!

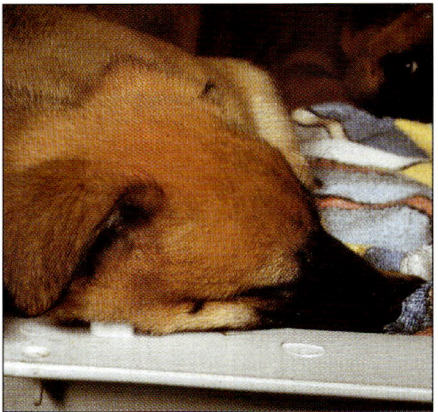

Korb aus Plastik. Er hält länger und ist leicht zu reinigen.

Decken
Ein oder zwei weiche Decken in der Box oder dem Körbchen werden dazu beitragen, dass sich Ihr Hund darin noch wohler fühlt. Die Decken ersetzen Zweige und Blätter, mit denen ein Wildhund seine Höhle auspolstern würde, und der Welpe kann sich auch in die Decken „eingraben"; sie ersetzen die Wärme und die kuschelige Nähe seiner Mutter und seiner Geschwister.
Wählen Sie die Decken aus einem waschbaren Material – kleine Unglücke lassen sich nicht immer vermeiden –, und werfen Sie sie weg, sobald sie löchrig werden und auseinanderzufallen drohen.

Spielzeug
Geeignetes Spielzeug ist ein Muss für Hunde jeden Alters, besonders aber für neugierige, verspielte Welpen. Welpen sind die „Kinder" der Hundewelt, und welches Kind liebt kein Spielzeug?

Hundegerechtes Kauspielzeug ist eine besondere Freude für Ihren Welpen – aber vermutlich auch für Sie: Der Kleine kann seinen Kautrieb nach Herzenslust ausleben, und Sie haben ihn erfolgreich von Ihren teuren Schuhen oder von Ihrem Ledersofa abgelenkt. Besonders während des Zahnwechsels erscheint ihm einfach alles höchst appetitlich. Vom alten Geschirrtuch bis hin zum Orientteppich – es gibt nichts, was ein zahnender Welpe nicht als herrliches Spielzeug betrachtet. Dabei ist er auch ganz und gar nicht wählerisch – einfach alles, was er zwischen seine Zähne bekommt, schmeckt hervorragend! Recht beliebt sind sogenannte „Quietschtiere", auf die

Kauspielzeug
Das Hundespielzeug soll Ihren Hund nicht nur geistig und körperlich fordern, sondern hilft auch bei der Zahnpflege. Hartgummispielzeug ist teilweise mit speziellen Rillen versehen, durch die der Plaque entfernt und so der Bildung von Mundgeruch und Zahnstein vorgebeugt wird, der zu Zahnfleischentzündungen führen kann.

So viel Spielzeug!

Es gibt eine Vielzahl von Hundespiel-
sachen, die eine Menge Spaß verspre-
chen. Aber nicht alles, was für Hunde
geeignet erscheint, ist auch wirklich zu
empfehlen. Es ist beeindruckend, was
Welpenzähne mit einem harmlos aussehenden Spielzeug anrichten können.
Seien Sie deshalb bedacht bei der Auswahl und denken Sie immer zuerst an
die Sicherheit Ihres Hundes. Wählen
Sie das haltbarste Produkt, das Sie finden können. Mit harten Nylonknochen
und -spielwaren sind Sie auf der sicheren Seite. Viele Dinge werden in den
unterschiedlichsten Größen und For-
men angeboten. Außerdem werden Geschmacksrichtungen angeboten, deren
Aromastoffe das Spielzeug für Ihren
Hund unwiderstehlich machen sollen.

viele Hunde begeistert reagieren. Manche kommen schon beim ersten
Quietschton ihres Lieblingsspielzeugs
aus dem entferntesten Winkel des Hauses herbeigerannt. Aber auch für dieses
Spielzeug gilt: Es ist nicht ungefährlich!
Wenn Ihr Welpe eines zerbeißt, kann er
leicht das kleine Plastikteil, das die Töne
produziert, verschlucken.

Deshalb gilt grundsätzlich: Prüfen Sie
täglich sorgfältig den Zustand des Wel-
penspielzeugs und entfernen Sie alles,
was Ihr Welpe so weit zernagt hat, dass
es gefährlich für ihn werden könnte.

Vorsicht ist auch bei echten Knochen
geboten, von denen beim Benagen
scharfkantige, spitze Stücke absplittern
könnten. Auch das bekannte sogenannte Büffelhautspielzeug ist nicht
ungefährlich: Lange genug bearbeitet,
können sich größere Teile lösen; außerdem wird es schmierig und verschmutzt
die Unterlage, auf der Ihr Welpe sich
gerade befindet – und das könnte
schließlich auch Ihr Teppich sein.

Die Leine

Die Leine Ihres Welpen sollte aus einem
reißfesten Material gefertigt sein, das
auch den Zähnen des Kleinen stand-
hält. Hier ist Nylon die beste Empfeh-

hat er bei einer Nylonleine nur geringe Erfolgsaussichten. Eine Nylon-Leine ist auch sehr leicht – ein nicht zu unterschätzender Vorteil bei einem Belgischen Schäferhund, der sich gerade erst an das Gefühl der Leine um seinen Hals gewöhnt.

Wenn sich Ihr Welpe an die Leine gewöhnt hat und brav neben Ihnen herläuft, möchten Sie sich vielleicht eine flexible Leine besorgen, um dem Hund einen größeren Aktionsradius zu geben. Seien Sie mit diesen Leinen besonders vorsichtig! Es hat Unfälle gegeben, bei denen mitten im Straßenverkehr der Arretierungsmechanismus versagt hat und die Hunde auf die Straße gelaufen sind – leider mit zum Teil tragischen Folgen.

Das Halsband
Der erste Schritt, um Ihren Welpen an das Laufen an der Leine zu gewöhnen,

Spielend lernen

Wenn Sie mit Ihrem Welpen regelmäßig Fangen- oder Bringspiele mit seinem Spielzeug spielen, ist das ein idealer Weg, seine Muskeln und motorischen Fähigkeiten ebenso wie seine Bindung an Sie zu stärken. Auch fordern diese Spiele die geistigen Fähigkeiten Ihres Hundes.

Er muss auch lernen, seinen Beißreflex zu unterdrücken, keinen Menschen und kein Tier zu beißen und nicht an verbotenen Gegenständen zu knabbern. Auch beim Spielen geben immer Sie den Ton an. Sie bestimmen den Anfang und das Ende. Das ist eine wichtige Lektion, wenn Ihr Welpe lernen soll, wer der Herr ist. Denn Sie bestimmen als sein Rudelführer sein ganzes Leben lang über ihn. Hat Ihr Welpe dies einmal akzeptiert, wird Ihre Freundschaft ein Leben lang halten.

Der Zoofachhandel bietet Ihnen eine große Auswahl an Leinen. Nehmen Sie eine, die Ihren Ansprüchen genügt.

lung. Natürlich sollten Sie versuchen, die Unart des Nagens an der Leine im Keim zu ersticken – in unbeobachteten Momenten wird der Kleine vermutlich dennoch der Versuchung erliegen, und dann

ist: Gewöhnen Sie ihn an das Halsband. An irgendetwas muss die Leine ja schließlich befestigt werden. Wählen Sie für Ihren Belgischen Schäferhund ein leichtes Kunststoff-Halsband, das ihn so wenig wie möglich stört. Lassen Sie ihn das Halsband zunächst ohne Leine tragen – schon bald wird er es kaum mehr spüren. Natürlich darf das Halsband weder zu locker noch zu fest sitzen. Im ersten Fall könnte er sich problemlos daraus befreien, im zweiten würde er sich vermutlich fast stranguliert fühlen. Wenn Sie ein bis zwei Finger noch leicht zwischen den Hals und das geschlossene Halsband schieben können, sitzt es optimal; so fühlt sich Ihr Hund wohl und ist dennoch sicher.

Fress- und Trinknapf

Für Ihren Welpen müssen Sie mindestens zwei Näpfe, einen für sein Futter und einen für frisches Wasser, anschaffen. Sehr zu empfehlen sind Edelstahlnäpfe. Erstens sind sie gründlich zu reinigen und, wenn nötig, zu sterilisieren, und zweitens wird Ihr Welpe eventuelle Kauversuche an ihnen schnell aufgeben. Selbstverständlich können Sie auch Plastiknäpfe kaufen; diese werden aber mit aller Wahrscheinlichkeit regelmäßig auf ihre Beißfestigkeit getestet und müssen besonders robust sein – im Interesse der Sicherheit Ihres Welpen und auch im Hinblick auf Ihren Geldbeutel.

Reinigungsutensilien

Bis Ihr Welpe endgültig stubenrein ist, müssen Sie sich auf intensive Putzaktionen vorbereiten. Es geschehen immer

Der finanzielle Aspekt...

Für Bürsten, Halsbänder, Leinen, Decken und natürlich Spielsachen werden Sie ständig Geld ausgeben müssen. Wenn Ihr Welpe einmal persönliche Dinge beschädigt oder zerstört – und mit den meisten Welpen passiert das schon einmal – oder er sich an anderer Leute Sachen vergreift, erhöhen sich Ihre Ausgaben beträchtlich. Jährlich fallen noch Kosten für Impfungen sowie Wurmkuren und ähnlich wichtige Maßnahmen an. Sie müssen sich in jedem Fall auch der finanziellen Verantwortung eines Hundehalters bewusst sein.

wieder kleinere oder größere Unglücke, die man dem Kleinen nicht übel nehmen darf: er weiß es eben noch nicht besser. Alles, was Ihnen in solchen Situationen zu tun bleibt, ist: Putzen. Fangen Sie deshalb früh genug an, sich einen Vorrat an

Der Zoo-fachhandel bietet eine große Auswahl an Wasser- und Fress-näpfen an.

Es fällt in Ihren Verantwortungsbereich, die Hinterlassenschaften Ihres Hundes zu beseitigen.

alten Tüchern, Handtüchern, Zeitungen und ein wirksames Desinfektionsmittel zuzulegen. Sie glauben gar nicht, wie schnell dieser Vorrat zur Neige geht, wenn der Kleine erst bei Ihnen ist! Putzen Sie immer so gründlich, damit keinerlei Geruchsspuren des Missgeschicks zurückbleiben – Hunde neigen dazu, sich immer wieder da zu lösen, wo sie vertraute Düfte erschnüffeln.

Über die Grundausstattung hinaus

Die bisher angesprochenen Gegenstände bilden lediglich die Grundausstattung. Was außerdem benötigt wird, werden Sie schnell herausfinden – Fellpflegemittel, Floh- und Zeckenschutzmittel, Laufgitter zum Abteilen von Räumen und so weiter. Ob Sie all diese Dinge brauchen, hängt ganz von den gegebenen Umständen ab. Am wichtigsten ist es, dass Sie beim Einzug ihres Welpens alles Notwendige zur Verfügung

Wählen Sie ein geeignetes Halsband

Das **Schnallenhalsband** wird täglich als Standardhalsband verwendet. Achten Sie darauf, dass Sie die Lochbreite für den Welpen korrekt einstellen. Das Halsband sollte nicht zu stramm eingestellt sein. Überprüfen Sie dieses jeden Tag, weil der Welpe ja noch wächst. Es kann leicht über Nacht zu eng werden! Diese Halsbänder werden aus Leder oder Nylon hergestellt. Befestigen Sie ein Identifikationsschild Ihres Hundes daran.

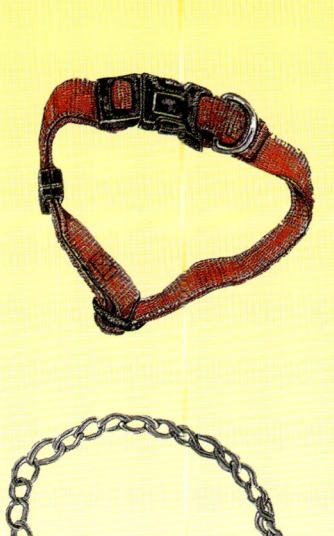

Das **Zughalsband** wird üblicherweise als Trainingshalsband verwendet. Es ist aus hoch poliertem Stahl gefertigt, so dass es leicht durch die rostfreie Stahlschleife gleitet. Die Idee ist, dass der Hund den Druck um seinen Hals herum kontrolliert und schnell aufhört zu ziehen, wenn das Halsband unbequem wird. Belassen Sie nie eine Zugkette am Hundehals, wenn Sie nicht mit Ihrem Hund trainieren.

Das **Geschirr** ist für einen geübten Hund. Es soll den Hund am Davonlaufen hindern oder daran eine Katze zu jagen. Man betrachtet es als die humanste Methode und braucht es häufig für kleinere Hunde, für die andere Halsbänder nicht komfortabel sind.

Natürliche Gifte

Wenn Sie einen Garten besitzen, sollten Sie ihn nach versteckten Gefahren für Ihren Welpen überprüfen, bevor er sich dort frei bewegen darf. Überraschend viele Pflanzen sind giftig, und ein neugieriger Welpe macht davor leider keinen Halt. Fragen Sie Ihren Tierarzt nach giftigen Pflanzen, wie man sie erkennt und Unfälle vermeidet.

haben, was für die Ernährung und ein kuscheliges, sicheres Plätzchen nötig ist, damit sich Ihr Welpe schnell in seinem neuen Zuhause einlebt.

Ist Ihr Haus welpensicher?

Wenn Sie alles so durchdacht und vorbereitet haben, dass sich Ihr Welpe einfach bei Ihnen wohlfühlen muss, sollten Sie daran gehen, Ihr Haus welpensicher zu machen. Das bedeutet zum Beispiel, alle Bereiche abzusperren, in die Ihr Welpe keinesfalls kommen soll, oder alles aus seiner möglichen Reichweite zu entfernen, was gefährlich für ihn werden könnte, wenn er es beschnüffelt, ankaut oder sonstwie untersucht. Sie wären sicher auch nicht besonders

erfreut, wenn er Ihre Einrichtung ruinieren würde! Alles Zerbrechliche sollte aus seiner Reichweite entfernt werden, wenn er sich in Ihrem ganzen Haus frei bewegen darf. Ist sein Aktionsradius auf bestimmte Bereiche begrenzt, bringen Sie alle potentiell gefährlichen oder gefährdeten Gegenstände in die „hundefreie Zone". Elektrokabel beispielsweise können äußerst gefährlich werden, wenn Ihr Welpe auf die Idee kommen sollte, ihren Geschmack zu testen. Bevor Sie ihn davon überzeugen können, dass sie kein herrliches Kauspielzeug sind, wäre es vermutlich zu spät. Deshalb: Elektrokabel müssen grundsätzlich außerhalb der Reichweite Ihres Welpen befestigt sein. Wenn Ihr Hund zeitweise in seiner Box untergebracht sein soll, dürfen sich in deren Nähe keinerlei Gegenstände befinden, die er möglicherweise mit seiner neugierigen Nase oder seinen Pfoten erreichen und, wie auch immer, zu sich holen könnte. Und wie bei einem kleinen Kind sind Haushaltsreiniger und Chemikalien ein absolutes Tabu auch im Bereich des Welpen – der Grund muss wohl kaum näher erläutert werden.

Welpensicherheit

Bevor Sie Ihren Welpen nach Hause holen, sollten Sie Ihr Heim bereits „welpensicher" gemacht haben. Verwenden Sie niemals Rattengift, Insektenschutz- oder gefährliche Reinigungsmittel im Aufenthaltsbereich Ihres Hundes. Das gilt auch für Toilettenreiniger, denn jeder Welpe wird gerne einen „Schluck nehmen", wenn der Toilettendeckel offensteht.

Chemische Gifte

Wenn Sie eine Garage besitzen, muss auch diese „hundesicher" sein. Pestizide und Frostschutzmittel müssen außerhalb der Reichweite des Welpen untergebracht sein, denn nur einige Tropfen können ihn töten. Der süßliche Geruch und Geschmack von Frostschutzmitteln verleitet jeden Welpen dazu, es vom Boden aufzulecken.

Genauso wichtig ist es, auch Ihr Grundstück noch vor der Ankunft des Kleinen zu sichern. Selbstverständlich sollte Ihr Welpe sich anfangs nie unbeaufsichtigt im Garten aufhalten; einen temperamentvollen Welpen werden Sie indessen kaum daran hindern können, frei im Garten umherzurennen und alles Neue zu erforschen – und das sollten Sie ihm auch wirklich gönnen. Wiegen Sie sich nicht in der trügerischen Sicherheit, dass der Zaun um Ihr Grundstück ausbruchsicher ist. Sie haben ja keine Vorstellung davon, welche Schlauheit und Hartnäckigkeit ein Hund entwickeln kann, wenn er es sich in den Kopf gesetzt hat, sich unter einem Hindernis durchzugraben oder sich durch (eigentlich viel zu kleine) Löcher hindurchzuzwängen. Selbst über den Zaun zu klettern oder zu springen ist dann kein Problem mehr. Auch in Ihrem Belgischen Schäferhund schlummern ungeahnte Talente! Kleine Löcher im Zaun sollten deshalb sicherheitshalber mehrfach gestopft werden, und es ist ratsam, den Zaun regelmäßig vollständig zu überprüfen, damit kleinere Ausbesserungen sofort vorgenommen wer-

den können. Ein hartnäckig entschlossener Welpe wird nämlich immer wieder an dieselbe Stelle zurückkehren, um dort so lange zu arbeiten, bis er hindurch passt.

Der erste Tierarztbesuch

So, nun haben Sie Ihren Welpen beim Züchter ausgesucht, und Ihr Haus und Ihre Familie sind bestens vorbereitet. Es bleibt nur noch, den Kleinen beim Züchter abzuholen, und dann fängt der Spaß an... Halt! Da gibt es noch etwas; schließlich müssen Sie ja möglicherweise schon kurz nach der Übernahme mit Ihrem Welpen zum Tierarzt. Um einen guten

Die Neugier Ihres Welpen treibt ihn dazu, im Haus und draußen alles zu erforschen. Haben Sie bei seinen Erkundungstouren immer ein wachsames Auge auf ihn!

Giftige Pflanzen

Viele Pflanzen sind für Hunde giftig. Wenn Ihr Welpe mit einem Pflanzenteil im Maul herumläuft, nähern Sie sich ihm ganz ruhig und vermeiden Sie direkten Augenkontakt, streicheln ihn und nehmen ihm das Pflanzenteil aus dem Maul. Loben Sie ihn nicht zu sehr, er könnte dies als Aufforderung verstehen, noch mehr Pflanzen heranzuschaffen. Befreien Sie Ihre Wohnung und Ihren Garten von Giftpflanzen.

Belgischer Schäferhund

Überfordern Sie Ihren Welpen nicht mit Ihrer Liebe! Er sollte sich erst in Ruhe an seine neue Umgebung gewöhnen, bevor er neben seiner Familie auch die Nachbarn, Freunde, und Bekannte kennenlernt.

Wie Impfstoffe wirken

Wenn Sie Ihren Welpen gerade erst bekommen haben, wissen Sie sicher, wie wichtig Impfungen für ihn sind. Aktive Impfstoffe enthalten genau die Erreger, gegen die der Körper Abwehrstoffe bilden und somit immunisiert werden soll. Damit die Erreger nicht gefährlich sind, wurden sie entweder abgetötet oder chemisch behandelt. Infiziert sich Ihr Hund nun, kann das Immunsystem sofort die geeignete Verteidigung einleiten!
Passive Impfstoffe enthalten die notwendigen Antikörper und werden zur Behandlung einer bestehenden Infektion verwendet.

Tierarzt sollten Sie sich auch schon vor dem Einzug des Hundes kümmern. Vielleicht kann Ihnen ja Ihr Züchter jemanden nennen, der im Idealfall in Ihrer Nähe praktiziert und mit Belgischen Schäferhunden vertraut ist, oder andere Belgische Schäferhund-Besitzer können Ihnen einen Tipp geben. Wie auch immer: Sie sollten recht bald den Tierarzt Ihrer Wahl aufsuchen und ihm Ihren Kleinen zu einer Grunduntersuchung vorstellen. Die zweite Impfung ist sicher bald fällig, denn die erste hat er natürlich schon beim Züchter erhalten. Wahrscheinlich wird der Tierarzt den Kleinen zunächst gründlich auf mögliche Störungen untersuchen, die äußerlich nicht erkennbar sind. Er wird Ihnen dann ein Impfschema empfehlen, das Sie stets penibel einhalten sollten; natürlich hat Ihnen auch der Züchter bereits die entsprechenden Hinweise gegeben. Jeder Welpe muss einen eigenen Impfpass

haben, den Ihnen der Züchter bei der Übergabe des Welpen aushändigt. Hier werden auch alle weiteren Impfungen vom Tierarzt eingetragen.

Die Ankunft des Welpen

Höchstwahrscheinlich ist jeder Bewohner Ihres Hauses aufgeregt und begeistert, wenn es endlich so weit ist. Das ist nur zu verständlich! Jeder will den Welpen knuddeln, jeder will mit ihm spielen. Hier müssen Sie etwas bremsen, denn sonst könnte sich der Welpe überfordert fühlen. Machen Sie Ihren Lieben klar, dass sich ein Welpe in einem permanenten Lernprozess befindet. Er ist zum erstenmal von Mutter, Geschwistern und seiner bisherigen Bezugsperson getrennt. Auch das Autofahren war ihm sicherlich noch fremd.
Dies alles geht nicht spurlos an ihm vorüber, und das Letzte, was Sie jetzt zulassen sollten, ist eine weitere Überschüttung mit neuen Eindrücken. Dies würde ihn nur noch mehr verängsti-

Die erste Autofahrt

Die Autofahrt vom Züchter in Ihr Heim kann für den Welpen und für Sie eine unangenehme Erfahrung werden. Der Welpe wird aus seiner warmen, gewohnten und sicheren Umgebung in eine fremde und neue Welt gebracht – eine Welt, die sich bewegt! Machen Sie sich deshalb auf eventuell auftretenden Durchfall, Urinieren, Weinen und sogar Angstbeißen gefasst. Zuhause angekommen können Sie ihm aber mit viel Liebe und Ermunterung helfen, den Stress seiner ersten Autofahrt schnell zu vergessen.

gen! Natürlich ist menschliche Nähe in dieser Situation absolut notwendig, damit ein Vertrauensverhältnis zwischen dem Welpen und Ihnen, seinem neuen Rudel, entstehen kann, aber bitte mit Ruhe und Geduld. Sanftes Streicheln und beruhigendes Zureden helfen ihm am meisten, mit der ungewohnten Situation fertigzuwerden; setzen Sie ihn auf den Boden, damit er selbst – natürlich unter Ihren wachsamen Augen – ganz in Ruhe seine neue Umgebung erkunden kann.

Der Welpe kann sich nun mit sich selbst beschäftigen oder zu den Familienmitgliedern Kontakt aufnehmen. Nach und nach sollte sich jedes Familienmitglied einige Zeit mit ihm beschäftigen, einer nach dem anderen. Setzen Sie sich zu dem Welpen auf den Boden, um mit ihm auf einem Niveau zu sein. Lassen Sie ihn an den Händen schnüffeln, und streicheln Sie ihn sanft. Er braucht dringend menschliche Zuwendung und Berührung, damit sofort eine Beziehung entsteht. Vergessen Sie dabei nicht, dass gleichzeitig viele neue Eindrücke auf ihn einstürzen: Neue Leute, neue Geräusche, neue Gerüche und neue Dinge, die es zu untersuchen gilt; seien Sie sanft und liebevoll zu ihm und geben Sie ihm soviel Ruhe und Sicherheit wie möglich.

Die erste Nacht im neuen Zuhause

Ihr Belgischer Schäferhund hat seine neue Umgebung inspiziert, seinen Schlafplatz kennengelernt, den Garten und alle sonstigen für ihn zugänglichen Bereiche erforscht. Er hat seine erste Mahlzeit im neuen Heim zu sich genommen und sogar – oh Wunder – an einem erlaubten Ort sein Geschäft verrichtet. Viele neue Geräusche sind ihm zu Ohren gekommen, er hat neue Freunde „erschnüffelt" – kurz gesagt: Er hat mehr von der großen, weiten Welt gesehen als in seinem gesamten bisherigen Leben. Und das war erst der erste Tag! Ihr Welpe sollte nun eigentlich völlig erschöpft und reif fürs Bett sein – das denken Sie vielleicht!

Vergessen Sie nicht, dass es die erste Nacht ist, in der er ganz allein schlafen muss. Seine Mutter und seine Geschwister liegen nicht mehr nur eine Pfotenbreite entfernt, und so fühlt er sich unweigerlich verschreckt, kalt und einsam. Halten Sie dies auch allen anderen Familienmitgliedern vor Augen! Seien Sie gewarnt: Viele Welpen winseln, um mitzuteilen, dass sie Gesellschaft haben wollen – besonders, wenn sie noch sehr jung sind. Jedenfalls sollten Sie in dieser Situation einen kühlen Kopf bewahren; geben Sie nicht jedem Fiepen auf der Stelle nach.

Stellen Sie seine Box oder sein Körbchen in den Raum, in dem er auch später regelmäßig schlafen soll, legen Sie ihn hinein und schließen Sie die Tür. Wenn Sie Glück haben, wird er übermüdet ohne Jaulen einschlafen. Wenn er sich meldet, versuchen Sie, sein Winseln zu ignorieren. Sie haben sich ja vergewissert, dass ihm nichts fehlt. Er wird mit Sicherheit einschlafen. Manche Züchter empfehlen, ein Stück der alten Schlafdecke des Welpen in sein neues Bett zu legen, so dass er den Geruch seiner Wurfgeschwister in der Nase hat.

Andere wiederum raten dazu, dem Welpen eine Wärmflasche ins Bett zu legen, um ihn warmzuhalten. Dies ist keine schlechte Idee, wenn der Welpe nicht an der Wärmflasche herumknabbert, denn ein nasser Welpe schläft erst recht nicht ein.

Sie geben in Ihrem Haus den Ton an und bestimmen, wann Schlafenszeit ist! Wenn Sie also nicht jede Nacht um 22 Uhr, um Mitternacht und um 2 Uhr morgens mit Ihrem Welpen spielen möchten, sollten Sie eine solche Gewohnheit im Interesse aller gar nicht erst einreißen lassen. Eine gute Alternative ist, den Kleinen von Anfang an in seiner Box neben Ihrem Bett schlafen zu lassen. So fühlt er sich nicht alleingelassen, und Sie merken nachts sofort, wenn er unruhig wird und „Gassi" muss. Seiner Stubenreinheit ist das außerordentlich förderlich. Grundsätzlich spricht nichts gegen einen Hund im Schlafzimmer. Sofern er gesund ist, ist dies eher eine Frage des Prinzips.

Typische Welpenprobleme

Die Sozialisierung

Nachdem Sie alle Vorbereitungen hinter sich gebracht haben und den Welpen einigermaßen an die neue Familie und an sein neues Heim gewöhnt haben, ist es an der Zeit, den lang ersehnten Spaß mit ihm zu haben. Den werden Sie spätestens dann bekommen, wenn Sie Ihren Kleinen an fremde Menschen, andere Tiere und neue Situationen gewöhnen. Diese Gewöhnung ist unerlässlich, denn sie wird ihm während des Heranwachsens helfen,

> **Wussten Sie schon?**
> Nach den Zuchtbestimmungen des Verbandes für das Deutsche Hundewesen e.V. ist es nicht erlaubt, einen Welpen vor dem Alter von acht Wochen abzugeben. Bis dahin braucht er unbedingt den Kontakt zu seiner Mutter und den Geschwistern. Erst in der achten Lebenswoche erhält der Welpe seine erste Schutzimpfung. Ist Ihr Welpe beim Kauf schon älter, ist er oft schon stubenrein und hoffentlich gut sozialisiert.

problemlos auf neue Erfahrungen zu reagieren. Außerdem haben Sie bei Ihren Ausflügen die willkommene Gelegenheit, Ihr Prachtstück der Öffentlichkeit zu präsentieren. Ihr Welpe wird seine Wirkung als allerliebstes Fellbündel genießen, das jeder für absolut herzig hält (geben Sie es zu: Das macht Sie mächtig stolz!).

Die erste Sozialisierung hat Ihr Welpe hoffentlich schon beim Züchter erfahren. Jetzt liegt es in Ihrer Verantwortung, diesen Prozess fortzuführen. Die Phase im Alter von ungefähr zwölf bis vierzehn Wochen ist dabei von beson-

Erziehung erwünscht!

Während des Sozialisierungsprozesses sollte ein Welpe andere Menschen, eine neue Umgebung und andere Hunde kennenlernen. Durch das Spielen mit seinen Wurfgeschwistern und anderen Hunden lernt er, seine Kräfte zu kontrollieren und auch, wie er sich in seinem Rudel zu verhalten hat. Das hilft ihm auch für den Rest seines Lebens dabei, sich in seiner neuen Familie in seine Rangstellung zu fügen. Deshalb sollten die Welpen nicht vor der vollendeten achten Woche von ihrem Rudel getrennt werden, denn bis da dauert die Phase, in der sie diese wichtigen Verhaltensweisen erlernen.

Ihr Belgischer Schäferhund nimmt neue Übungen so schnell auf wie ein trockener Schwamm das Wasser. Diese intelligente Rasse möchte ständig neu gefordert werden.

derer Bedeutung, da die Erfahrungen in dieser Zeit, ihn besonders nachhaltig prägen. Er braucht jede Menge menschlichen Kontakt, Zärtlichkeit, Streicheleinheiten und den Umgang mit anderen Tieren.

Gehen Sie in der Zeit von acht bis zehn Wochen besonders sorgsam mit ihm um – dies ist eine Phase, in der die meisten Welpen zu vermehrter Ängstlichkeit neigen. Versuchen Sie, sein Selbstbewusstsein durch Aufmunterung zu stärken.

Wenn Ihr Welpe erst einmal alle notwendigen Schutzimpfungen erhalten hat, steht Ihren Spaziergängen mit ihm (natürlich an der Leine!) nichts mehr im Wege. Machen Sie zunächst kleinere Gänge durch die Nachbarschaft, nehmen Sie ihn wann immer möglich mit, wenn Sie Besorgungen machen. Lassen Sie ihn von Fremden anfassen, lassen Sie ihn mit anderen Hunden zusammen. Bei Welpen ist dies üblicherweise nicht schwierig; vermutlich werden mehr Leute ihn streicheln wollen, als Ihnen auf Dauer lieb ist! Sie tun allerdings gut

Sozialisierung

Die Sozialisierung umfasst nicht nur den Kontakt mit anderen Menschen, sondern auch die Konfrontation mit neuen Situationen wie das Fahren im Auto, die Fellpflege, neue Geräusche, das Herumlaufen in einer Menschenmenge – diese Liste ist endlos. Je mehr Erfahrungen Ihr Welpe sammelt und je positiver diese sind, desto geringer sind der Schock und die Angst bei der Konfrontation mit neuen Dingen.

daran, jede Annäherung genau zu beobachten, damit Sie im Notfall sofort eingreifen können. Wenn zum Beispiel die Nachbarskinder kommen und Ihren Kleinen begrüßen wollen, dann ist das in Ordnung. Welpen und Kinder sind fast immer von Natur aus wunderbare Spielkameraden. Aber manchmal passiert es eben, daß ein Kind den Welpen im Eifer des Gefechts etwas ungeschickt anfasst und ihm wehtut. Die spitzen Welpenzähne können im Spiel auch schnell einmal zu fest zupacken. Das sind die Momente, in denen Sie beruhigend eingreifen müssen. Die Erfahrungen, die der Welpe während dieser Sozialisierungsphase macht, sollen möglichst positiv sein, da hierdurch sein Verhalten auch im Erwachsenenalter entscheidend geprägt wird.

Konsequente Erziehung

Als geborene Rudeltiere brauchen Hunde von Natur aus eine Leitfigur, andernfalls versuchen sie, sich selbst zum Anführer der Meute hochzuarbeiten. Instinktiv wird Ihr Belgischer Schäferhund versuchen, eine möglichst übergeordnete Stellung zu erobern. Mit seinem allerliebsten Aussehen und diesem schmelzenden Blick hat er in diesem Machtkampf zweifellos einen unfairen Vorteil. Es ist fast unmöglich, da nicht klein beizugeben! Er testet mit Sicherheit aus, wie weit er gehen kann. Behaupten Sie sich, wenn es darum geht, dem Welpen zu zeigen, was er darf und was nicht. Bringen Sie Ihre Lieben dazu, sich genauso zu verhalten! Es würde den Kleinen nämlich gehörig durcheinanderbringen, wenn Mutter ihn von

Die richtige Sozialisierung

Die Sozialisationsphase reicht bei Welpen von der achten bis zur sechzehnten Woche. Dies ist auch die Zeit, in der die Welpen von ihrer Mutter getrennt werden sollten und zu ihren neuen Besitzern kommen, wo sie neue Menschen und andere Haustiere treffen. Eine falsche Sozialisation kann die Ursache für ängstliche und schüchterne Hunde sein, denen es an Selbstvertrauen mangelt. Diese Hunde werden nicht selten aus ihrer Angst heraus aggressiv gegen Menschen und Tiere.

der Couch verjagt, auf der er mit Vater bis zum Ende der Spätnachrichten zu liegen pflegt.

Vermeiden Sie solche Verwirrungen, indem Sie entsprechende Regeln möglichst schon vor dem Einzug des Welpen im Familienrat festlegen. Seien Sie dann konsequent in der Einhaltung derselben! Solche Früherziehung formt die Persönlichkeit des Hundes.

Keine Schokolade bitte!

Verwenden Sie beim Training Ihres Hundes kleine Stücke Hartkäse oder andere Leckerlis als Belohnung. Geben Sie ihm aber niemals Schokolade, denn diese enthält für Hunde giftige Stoffe.

Häufige Probleme

Der beste Weg, Probleme zu vermeiden, ist, die unerwünschten Verhaltensweisen schon bei den ersten Anzeichen im Keim zu ersticken. Das alte Sprichwort „Was Hänschen nicht lernt, lernt Hans nimmermehr" ist zwar nicht in jedem Fall richtig, aber es ist zweifellos empfehlenswert, Unarten bereits im Welpenalter zu unterbinden. Ihrem erwachsenen Hund unerwünschte Verhaltensweisen abzugewöhnen ist nicht inmöglich, bedarf aber Ihrer ganzen Geduld und Konsequenz.

Zwicken

Wenn der Zahnwechsel beginnt, können die meisten Welpen dem Drang nicht widerstehen, in alles zu beißen. Unglücklicherweise schließt das mit ziemlicher Sicherheit auch Ihre Finger, Ihren Arm, Ihre Haare, Ihre Zehen, kurzum alles, was zufällig gerade erreichbar ist, ein. Nun mögen Sie das im ersten Moment niedlich und süß finden, bis Ihnen nach höchstens fünf Sekunden nachdrücklich klar wird, wie scharf diese kleinen Welpenzähne sind! Spätestens dann werden Sie auf der Stelle beschließen, ihm diese Unart auf Dauer abzugewöhnen. Wenn ihm nicht schon Ihr spontaner Schmerzensschrei gezeigt hat, dass es jetzt für ihn ernst wird, dann sollten Sie ihm dies mit einem scharfen „Nein" klarmachen (vielleicht bedarf es auch mehrerer „Neins"). Ersetzen Sie Ihren Finger durch ein geeigneteres Kauspielzeug. Beim jungen Hund ist diese Unart einfach nur lästig, beim erwachsenen Hund – auch beim Belgischen Schäferhund – kann sie durchaus unangenehm und sehr schmerzhaft sein.

Winseln und Jaulen

Ihr Welpe kann durch die verschiedensten Lautäußerungen protestieren, wenn er allein gelassen wird: Er kann schreien, jaulen, winseln, heulen – kurz: einen ziemlichen Aufruhr entfachen. Dies ist eben seine natürliche Art, Aufmerksamkeit zu erregen und Ihnen zu zeigen, dass er da ist und Sie ihn nicht vergessen dürfen. Allein fühlt er sich unsicher, zum Beispiel, wenn Sie das

Haus verlassen haben und er in seiner Box ist, oder wenn Sie sich in einem anderen Teil des Hauses befinden und er Sie nicht sehen kann. Der Lärm, den er dann macht, ist Ausdruck seiner Angst vor dem Alleinsein. Deshalb müssen Sie ihm beibringen, dass das Alleinsein nichts Schlimmes ist. Wohlgemerkt, Sie erziehen ihn nicht unmittelbar dazu, ruhig zu sein. Sie zeigen ihm lediglich, dass er sich auch allein wohlfühlen kann. Wenn Sie das zuwege gebracht haben, entfällt für ihn letztlich der Grund für sein Jaulen. Hier kommen die bereits angesprochenen Kuscheldecken und die Spielzeuge in seiner Box oder seinem Körbchen zum Einsatz. Wenn Sie nicht in seiner Nähe sind und ihn somit nicht ständig im Blick haben, ist er an seinem Platz viel sicherer untergebracht als auf Erkundungsgängen im Haus. Wenn er also ruhig und ohne Protest an seinem Platz bleiben soll, müssen Sie ihm diesen so angenehm wie möglich gestalten. In diesem Zusammenhang ist der deutliche Hinweis unumgänglich, dass Sie ihn niemals zur Strafe in seiner Box einsperren dürfen – das würde er nie vergessen, und er würde fortan Negatives mit ihr assoziieren.

Haben Sie eine Hundebox, gewöhnen Sie Ihren Welpen langsam daran, indem Sie ihn zunächst nur kurz, dann für allmählich länger werdende Zeitspannen hineinsetzen. Ein Leckerbissen als Belohnung kann dabei Wunder wirken! Wenn er jault oder anderweitig Theater macht, gehen Sie nicht sofort zu ihm, aber bleiben Sie in Sichtweite. Er wird so ziemlich schnell merken, dass es auch ohne Sie nicht schlimm für ihn ist, in der Box zu sein. Vielleicht hilft es ihm, wenn Sie während Ihrer Abwesenheit das Radio leise spielen lassen, denn der Klang menschlicher Stimmen wirkt auf die meisten Welpen ungemein beruhigend.

Wussten Sie schon?

Ein umzahnender Welpe will sich durch sein ständiges Knabbern Erleichterung verschaffen, wei sein Zahnfleisch und der Gaumen gereizt sind. Vielleicht findet er zu diesem Zweck ausgerechnet an Ihren Lieblingsschuhen Gefallen! Auch kleine Welpenzähne sind nicht zu unterschätzen. Dieser Kaudrang ist aber völlig normal und darf von Ihnen nicht unterdrückt werden. Sie sollten ihn aber in die richtigen Bahnen lenken. Ihr Welpe muss lernen, woran er knabbern darf und was für ihn tabu ist. Machen Sie ihm letzteres konsequent mit einem scharfen „Nein" klar und geben ihm sofort ein erlaubtes Kauspielzeug. Loben Sie ihn andererseits überschwänglich, wenn er sich von allein dem für ihn bestimmten Spielzeug zugewandt hat. Auf diese Weise fördern Sie sein erwünschtes Verhalten. Übrigens sollte der typische Welpenkaudrang nach dem Zahnwechsel nachlassen; es ist jedoch eine Tatsache, dass auch die meisten erwachsenen Hunde nicht aufhören, an Gegenständen zu kauen – vielleicht aus Langeweile, oder vielleicht auch nur, weil es ihnen Spaß macht.

Die tägliche Pflege Ihres Belgischen Schäferhundes

Ernährung und Fütterung

Sie haben es wahrscheinlich schon tausendmal gehört: Man ist, was man isst. Ob Sie es glauben oder nicht, das Sprichwort trifft den Nagel auf den Kopf! Auf Ihren Hund übertragen bedeutet das, er ist, was Sie ihm zu fressen geben (er hat nun mal keine andere Wahl). Eins ist klar: Ihr guter Wille allein reicht nicht zu seiner bedarfsgerechten Ernährung; hierzu benötigen Sie zu allererst solide Grundkenntnisse über eine artgerechte Hundeernährung.

Die Anzahl der Futtersorten ist fast unüberschaubar. Dutzende von Herstellern bieten Futtersorten in den verschiedensten Geschmacksrichtungen und Zusammensetzungen an. Es gibt spezielle Futtersorten für Welpen, heranwachsende und erwachsende Hunde, für ältere und auch für besonders empfindliche Hunde. Verschaffen wir uns zunächst einen kleinen Überblick!

Hunde-Fertigfutter lässt sich in drei Arten einteilen: Trockenfutter, Halbfeuchtfutter und Dosenfutter. Trockenfutter ist um einiges billiger als Halbfeucht- oder Dosenfutter und einfach in der Handhabung. Es enthält am wenigsten Fett, dafür aber die meisten Konservierungsstoffe. Dosenfutter besteht fast immer zu 60 bis 70 Prozent aus Wasser, während manche Halbfeuchtfutter so viel Zucker enthalten, dass sie von den meisten Hundebesitzern verständlicherweise gemieden werden.

Drei Entwicklungsstufen des Hundes müssen beachtet werden, wenn die Ernährung art- und altersgerecht sein soll: Das Futter für einen Welpen muss anders zusammengesetzt sein als das des erwachsenen Hundes, und das geeignete Futter für den alten Hund unterscheidet sich ebenfalls deutlich.

Die Fütterung des Welpen

Die natürliche Ernährung des Welpen ist zunächst die Muttermilch der Hündin. Der Saugreflex ist jedem Welpen ange-

Achten Sie drauf!

Trockenfutter muss in fest verschließbaren Behältern gelagert werden. Einmal geöffnet gehen innerhalb von neunzig Tagen die Vitamine verloren. Das Futter kann durch Schimmelpilzsporen oder kleine Tiere kontaminiert werden.

boren und schon kurz nach der Geburt mehr oder weniger ausgeprägt. Wenn ein Welpe nicht innerhalb der ersten Stunden seines Lebens beginnt, bei seiner Mutter zu saugen, versucht der verantwortungsvolle Züchter, ihn anzulegen. Hat der Kleine es auch dann noch nicht gelernt, muss er gegebenenfalls für einige Zeit mit der Flasche und spezieller Welpenmilch gefüttert werden, die aber die echte Muttermilch nur unvollkommen ersetzen kann. Die Muttermilch der ersten Tage, die sogenannte Kolostralmilch, enthält Antikörper der Mutter, die das Immunsystem des Welpen gegen Infek-

Wussten Sie schon?

Das Aussehen, der Geruch und die Konsistenz des Kotes Ihres Hundes geben wertvolle Hinweise auf die Verträglichkeit seines Futters. Ein gesunder Hund setzt üblicherweise bis zu dreimal am Tag Kot von halbfester Konsistenz ab, der nicht unangenehm riecht und jedesmal die gleiche Farbe hat.

tionen stärken. So ist er für die erste Zeit seines Lebens geschützt – dies kann keine künstliche Welpenmilch.

Bis zum Alter von ungefähr sechs Wochen gibt es für Welpen nichts Besseres – und auch nichts Schöneres! –, als bei der Mutter zu saugen. Die langsame Gewöhnung an anderes Futter sollte schon im Alter von vier Wochen durch kleine Gaben geeigneten Zusatzfutters beginnen.

Im Alter von acht Wochen ist der Entwöhnungsprozess üblicherweise abgeschlossen, und die Welpen sind vollkommen auf altersgerechtes Welpenfutter

Futter auf Getreidebasis

Viele Futtersorten für erwachsene Hunde werden auf der Grundlage von Getreide hergestellt. Daran ist nichts auszusetzen, solange das Futter kein Sojamehl enthält, denn Sojamehl enthaltende Futterarten verursachen häufig Blähungen. Derartige Futtersorten sind allerdings oftmals die preiswertesten und qualitativ genauso gut wie das teuerste Futter auf Fleischbasis. Es gibt viele Situationen, in denen Ihr Hund eine spezielle Ernährung benötigen könnte. Allerdings sollten Sie die Entscheidung über solche speziellen Ansprüche stets mit Ihrem Tierarzt absprechen.

umgestellt. Die Zusammensetzung dieses Futters ist von äußerster Wichtigkeit, denn ein Hund wächst und entwickelt sich nie wieder so schnell wie in seinem ersten Lebensjahr. Es werden viele verschiedene Futtersorten angeboten; zweckmäßigerweise lassen Sie sich von Ihrem Züchter oder auch von Ihrem Tier-

Der Futterneid ist eine gute Motivation beim Fressen. Achten Sie darauf, dass alle Welpen ihren Anteil vom Futter bekommen!

Für Welpen gibt es bis zur vollendeten sechsten Lebenswoche einfach kein besseres Futter als die Welpenmilch.

Futtersorten auf dem Markt; fragen Sie Ihren Züchter oder den Tierarzt um Rat. Ist Ihr Hund sehr aktiv, hat er einen anderen Futterbedarf als ein eher ruhiger Hund. Stehen mehrere gleichwertige Sorten zur Auswahl, können Sie getrost den Preis und den Geschmack Ihres Hundes entscheiden lassen.

Die Fütterung des Hundes im Alter
Mit sieben oder acht Jahren kann beim Belgischen Schäferhund das „Seniorenalter" beginnen. Mit zunehmendem Alter ändert sich auch der Stoffwechsel des Hundes. Er bewegt sich seltener und langsamer und sein Schlafbedürfnis

arzt das jeweils geeignete Futter empfehlen. Gutes Welpen-Fertigfutter ist auf den kompletten Nährstoffbedarf des Welpen abgestimmt und macht die zusätzliche Fütterung von Mineralstoffen, Vitaminen und Eiweiß überflüssig, wenn nicht gar gefährlich. Bis zum Alter von ungefähr zehn bis zwölf Monaten sollte Ihr Belgischer Schäferhund ein Spezialfutter für heranwachsende Hunde bekommen, erst dann beginnt seine Erwachsenen-Phase auch in der Ernährung.

Die Fütterung des erwachsenen Hundes
Im allgemeinen gilt ein Hund dann als „erwachsen", wenn sein Größenwachstum beendet ist. Dies bedeutet nicht, dass Ihr Belgischer Schäferhund auch geistig erwachsen und körperlich ausgereift ist! Lassen Sie also sein Gewicht zu diesem Zeitpunkt noch außer acht: Die körperliche Reife kann sich noch bis zu einem Alter von zwei Jahren hinziehen (manchmal sogar noch länger); erst dann hat der Hund seine endgültige Substanz erreicht. Auch für diese Altersstufe sind zahlreiche

Fütterungstipp
Das Hundefutter sollte immer Zimmertemperatur haben. Ein Napf mit frischem Wasser, das mindestens täglich erneuert wird, ist selbstverständlich, vor allem wenn Sie Ihren Hund mit Trockenfutter füttern.

Füttern Sie Ihren Hund niemals am Tisch, während Sie essen. Füttern Sie Ihren Hund niemals mit Essensresten, die oft zu fett oder stark gewürzt sind. Hunde müssen ihr Futter kauen, dabei sind harte Pellets ideal, Suppen und Brei sollten Sie vermeiden.

Fügen Sie einem kompletten Fertigfutter nicht wahllos irgendwelche Zusätze hinzu, denn damit verändern Sie die Ausgewogenheit dieser Produkte.

Außer einer gesundheits- oder altersbedingten Umstellung braucht der Hund keine große Abwechslung in der Ernährung. Sie können jeden Tag das gleiche Futter bekommen, ohne davon krank zu werden.

wächst. All diese Veränderungen gehen langsam und oft unmerklich vonstatten. Ihnen muss durch eine Umstellung der Ernährung Rechnung getragen werden. Auffallen wird Ihnen vermutlich zunächst eine deutliche Gewichtszunahme Ihres Belgischen Schäferhundes, obwohl er immer noch das gleiche Fut-

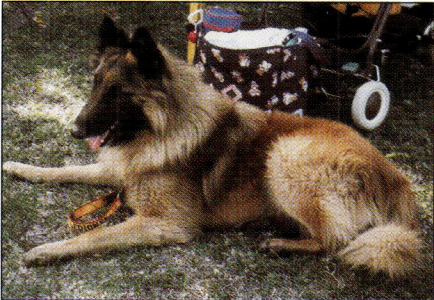

ter in der gleichen Menge bekommt. Die Erklärung ist einfach: Ihr Hund bekommt stets die gleiche Nährstoffmenge; aufgrund seines verlangsamten Stoffwechsels benötigt er nun aber weniger – und speichert alles Überschüssige in Fettpolstern. Fettleibigkeit verschlimmert die gesundheitlichen Probleme, für die ein Hund im Alter ohnehin anfällig ist: Die meisten seiner Organe funktionieren nicht mehr wie früher, seine

Futtervorlieben

Die Auswahl des besten Fertigfutters ist schwierig. Auch die Ernährungswissenschaftler sind sich nicht über die ideale Nährstoffzusammensetzung einig (Proteine, Fett, Faserstoffe, Feuchtigkeitsgehalt, Cholesteringehalt, Mineralstoffe und andere). Alle stimmen aber darin überein, dass eine ausgewogene Ernährung wichtig ist, jeder Hund jedoch als Individuum betrachtet werden muss. Sein Gewicht, sein Alter und seine Aktivität müssen gleichermaßen in die Überlegung einfließen. Das Beste ist, sich auf die Empfehlung eines Tierarztes zu verlassen. Die Ernährungsansprüche Ihres Hundes ändern sich sogar während seiner Lebenszeit.

Wenn Ihr Hund ein gutes Alleinfutter erhält, sollte auf Fleisch- oder Gemüsezusätze verzichtet werden. Manche Hunde mögen etwas Abwechslung beim Futter. Sie können ihm dann einfach eine andere Geschmacksrichtung anbieten oder dem Futter etwas Brühe in verschiedenen Geschmacksrichtungen untermengen.

Wenn Ihr Belgischer Schäferhund älter wird und auch weniger aktiv ist, stellen Sie seine Ernährung auf ein spezielles Futter für ältere Hunde um.

Nieren arbeiten langsamer, die Verdauung verschlechtert sich. Diese altersbedingten Defizite sind am besten durch eine entsprechende Ernährungsumstellung auszugleichen, außerdem sollten Sie Ihrem alter Hund sein Futter in mehreren kleinen und somit besser verdaulichen Portionen anbieten.

Für das ideale Senioren-Futter gibt es kein Patentrezept: Einige kommen mit einem Spezialfutter für ältere Hunde am besten zurecht, anderen wiederum tut

Was schmeckt ein Hund?

Wenn Sie manchmal beobachten, wie Ihr Hund sein Fressen einfach zu verschlingen scheint, fragt man sich, ob er überhaupt etwas schmeckt. Hunde haben von Geburt an ausgebildete Geschmacksnerven, die zwischen süß, salzig und sauer unterscheiden können.

Womit füttern Sie Ihren Hund?

Beachten Sie die Inhaltsangaben Ihres Hundefutters. Viele Hersteller geben nur 50 bis 55 % der Inhaltsstoffe an und lassen die restlichen 45 bis 50 % ohne Angaben unter den Tisch fallen.

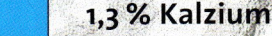

- 1,3 % Kalzium
- 1,6 % Fettsäuren
- 4,6 % Rohfasern
- 11 % Feuchtigkeit
- 14 % Rohfett
- 22 % Rohprotein
- **45,5 % ? ? ?**

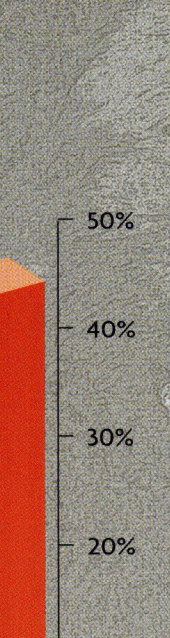

Welpenfutter mit seinem hohen Nährstoffangebot gut. Manche vertragen hochwertiges Diätfutter am besten – zum Beispiel auf der Grundlage von Lammfleisch und Reis. Versuchen Sie einfach herauszufinden, was das beste Futter für Ihren älteren Belgischen Schäferhund ist – dies trägt dazu bei, dass Sie die Probleme, die ihr Freund unweigerlich im Alter bekommen wird, so lange wie möglich in Grenzen halten.

Trinkwasser

Ebenso wie Ihr Hund gutes Futter benötigt, muss er auch ständig an sauberes, frisches Wasser kommen. Dies gehört zu seinen Grundbedürfnissen. Wasser ist lebensnotwendig, um sämtliche Körperfunktionen in Gang zu halten und um den Körper nicht austrocknen zu las-

So wichtig ist Wasser

Wasser macht bei Hunden und Menschen, so wie bei den meisten lebenden Organismen, den Hauptanteil beinahe jedes Körperteils aus. Wir setzen das Vorhandensein von Wasser als selbstverständlich voraus, dabei wäre ohne Wasser kein uns bekanntes Leben möglich. Hunde benötigen – wie alle Lebewesen – Wasser, um ihren biochemischen Haushalt aufrecht zu erhalten. Wasser, das sie vor allem durch Hecheln verlieren, müssen sie wieder aufnehmen. Hunde können nicht so wie wir Menschen schwitzen, sie müssen hecheln, um ihren Körper abzukühlen. Dabei verdunstet das lebenswichtige Wasser. Menschen verlieren beim Schwitzen neben anderen Stoffen auch wichtige Elektrolyte, Hunde verlieren hingegen nur Wasser.

Eine ausreichende Versorgung mit Wasser ist immer wichtig, besonders aber an heißen und schwülen Tagen, wenn Ihr Hund trainiert oder hart arbeitet oder Sie ihn mit Trockenfutter füttern.

Achten Sie auf das Gewicht!

Eine gute Ernährung ist wichtig für die Gesundheit Ihres Hundes. Viele Halter überfüttern ihre Hunde aber mit unnützen Beigaben, hier einige Beispiele:

- Das Hinzufügen von Milch, Joghurt und Käse scheint gut für das Fell und die Haut zu sein, aber Molkereiprodukte sind sehr fetthaltig und können Durchfall verursachen.

- Fettreiche Nahrung führt zwar nicht zu Herzanfällen, sorgt aber sicher dafür, dass Ihr Hund zunimmt.

- Glauben Sie bloß nicht, Ihr Hund hört erst dann zu fressen auf, wenn er keinen Hunger mehr hat. Wenn Sie ihm die Möglichkeit geben, frisst Ihr Hund Sie um Hab und Gut!

„Steht mir das Halsband auch wirklich gut?"

Während viele Menschen von ihrem Aussehen besessen sind und ihren Körper im besten Zustand halten, denken manche, dass ihrem Hund ein paar Pfunde zu viel gut stehen. In Wahrheit macht auch Hunde ihr Über- oder Untergewicht krank. Um den Ernährungszustand Ihres Hundes zu überprüfen, streichen Sie ihm mit der Hand über die Rippen. Können Sie diese unter der Speckschicht nicht fühlen, ist er zu dick, merken Sie jede Rippe deutlich, ist Ihr Hund zu dünn. Im Idealfall können Sie die Rippen leicht ertasten, ohne dass sie sich aber abzeichnen. Von oben betrachtet, sollte die Silouette Ihres Hundes in etwa einer Sanduhr entsprechen, die in der Mitte dünner ist und zu beiden Enden hin deutlich kräftiger wird.

genauso ungesund wie für einen Menschen. Belgische Schäferhunde sind sehr aktive Hunde. Regelmäßige Spaziergänge, Spielstunden und Freilauf im Garten (unter Ihrer Aufsicht) sind für einen Belgischen Schäferhund zwar ausreichend, aber er freut sich ab einem Alter von einem Jahr auch über längere Ausflüge.

Genügend Bewegung hält nicht nur Ihren Hund sondern auch Sie körperlich fit und trägt zu seinem mentalen Wohlbefinden bei: Er ist ausgelastet und kommt nicht auf dumme Gedanken, die sich möglicherweise in Zerstörungswut ausdrücken könnten. Gemeinsame Ausflüge stärken außerdem das Band zwischen Ihnen beiden!

sen. Während der Phase seiner Erziehung zur Stubenreinheit sollten Sie aber ein Auge darauf haben, wieviel Ihr Welpe wann trinkt. Erst wenn er sicher sauber ist, sollte frisches Wasser jederzeit zur Verfügung stehen. Achten Sie darauf, dass der Wassernapf sauber ist, und wechseln Sie das Wasser regelmäßig. Schmutziges und abgestandenes Wasser ist gleichermaßen ungeeignet für Ihren Hund.

Bewegung

Regelmäßiger Auslauf ist ein Muss für jeden Hund, gleichgültig welcher Rasse er angehört. Ein ruhiger Lebensstil ohne Bewegung ist für einen Hund

Futterumstellungen

Sie wissen als Halter sehr gut, wie wichtig eine abwechslungsreiche, aber gleichbleibende Ernährung Ihres Hundes ist. Manchmal werden Sie aber gezwungen sein, die Ernährung Ihres Hundes beispielsweise im Urlaub schnell umzustellen. Bei manchen Hunden kann das Verdauungsstörungen verursachen. Um dies zu vermeiden, können Sie das Futter langsam umstellen, indem Sie über eine Woche jeden Tag einen größeren Teil des alten Futters gegen das neue austauschen, bis Ihr Hund nur noch das neue Futter in seinem Fressnapf hat.

Die tägliche Pflege

Die Fellpflege

Die Fellpflege sollte ein vergnügliches Unterfangen sein, das dem Aussehen Ihres Hundes dient und zudem seine Haut und das Haar gesund erhält.

Gewöhnen Sie Ihren Belgischen Schäferhund schon als Welpen daran, auf dem Tisch gebürstet zu werden. Wenn er erwachsen ist, hat er sicherlich lieber festen Boden unter den Pfoten. Das regelmäßige Bürsten und Kämmen entfernt Schmutz und totes Haar, fördert den Glanz des Fells und macht häufiges Baden überflüssig.

Bürsten Sie Ihren Hund möglichst täglich. Das regt die Durchblutung der Haut an und wirkt sich positiv auf die Haarkondition aus. Außerdem ist es eine gute Gehorsamsübung: Der Hund lernt, sich zu fügen und entwickelt ganz nebenbei eine noch engere Bindung zu seinem Besitzer. Die meisten Hunde empfinden das Bürsten als angenehm, einige sehr dominante Hunde wehren sich dagegen – deshalb ist es in jedem Fall wichtig, schon den Welpen daran zu gewöhnen.

> ### Wussten Sie schon?
> Achten Sie sehr genau darauf, wo Sie Ihren Hund trainiren und wo er sich aufhält. Viele Grünflächen sind mit giftigen Substanzen besprüht. Erlauben Sie Ihrem Hund nicht, aus Brunnen oder künstlichen Teichen zu trinken. In Parkanlagen sammeln sich auch hier die Gifte an, mit denen die Pflanzen besprüht wurden. Ihr Hund kann sich an diesen Chemikalien vergiften und sehr krank werden.

Die Pflege des kurzhaarigen Malinois ist denkbar einfach. Bei ihm reicht eine wöchentliche Pflegesitzung aus, nur während des Haarwechsels empfiehlt sich häufigeres Bürsten. Einfaches Bürsten und Kämmen und Glätten der Haare ist ausreichend. Ein Metallkamm mit Griff eignet sich zum Entfernen loser Haare und zum Entfilzen. Achten Sie darauf, die Haut nicht zu verletzen! Deshalb sollten die Zähne des Kamms nicht zu dicht stehen und glatte, abgerundete Spitzen haben. Statt dessen kann auch eine Gummi- oder Naturborsten-Bürste

Nur wenige Rassen sind von Natur aus so sportlich wie Belgische Schäferhunde. Dieser Malinois scheint fast mühelos über die Hürde zu springen.

benutzt werden. Nach dem Bürsten und Kämmen können Sie das Haar mit einem speziellen Hundestriegel mit Gummi-noppen glätten.

Obwohl die Pflegeutensilien, die man braucht, von der Textur und der Länge des Haars abhängen, können Sie im Grundsatz die für die Pflege des Mali-nois beschriebenen auch für die lang-haarigen Varietäten verwenden. Bei die-sen ist die Pflege allerdings viel zeit-aufwendiger und muss täglich durch-geführt werden, besonders während des Haarwechsels. Eine große Bürste mit feinen Drahtborsten in einem wei-chen Gummibett ist ideal zum Entfer-nen toter Haare und zum Entwirren der Strähnen, auch eine feste Bürste mit Nylon- oder Naturborsten mit Griff tut gute Dienste. Für die Ausstellungsvor-bereitung wird oft eine weichere Natur-bürste bevorzugt, die Haut und Haar nicht beschädigen kann. Der Kamm eig-net sich nicht nur für die Befederungen an den Läufen, an der Rute und um die Ohren, sondern ganz allgemein als „Tüp-felchen auf dem i" am ganzen Körper. Die Zahnung des Kamms darf weder zu fein – damit wäre das dichte Haar nicht zu bewältigen – noch zu grob sein – so würde kein totes Haar entfernt. Mit eine Schere mit stumpfen Spitzen werden die lang wachsenden Haare zwischen den Zehen entfernt.

Die Pflegeroutine beim langhaarigen Belgischen Schäferhund sollte stets gleich ablaufen. Natürlich kann der Hund dabei stehenbleiben, aber sehr nützlich ist es, ihm beizubringen, sich auf Kom-mando auf die Seite zu legen – so gelan-gen Sie problemlos an alle Körperteile.

Halten Sie jeweils einen Teil der Haare fest und bürsten oder kämmen Sie das darunterliegende in Wuchsrichtung Schicht für Schicht. Benutzen Sie an den empfindlichen Körperteilen (Bauch, Innenseiten der Schenkel usw.) eine weichere Bürste. Den Rücken, den Hals, die Brust, die Läufe und die Pfo-ten bürsten Sie am zweckmäßigsten, wenn der Hund steht. Achten Sie an den besonders dicht behaarten Stellen darauf, sämtliche Filzknoten und Sträh-nen durch gründliches Kämmen zu ent-fernen. Entwirren Sie große Filzplatten zunächst mit den Fingern, aber seien Sie vorsichtig, um ihm nicht weh zu tun. Zum Abschluss glätten Sie das Haar am Körper mit dem Kamm oder dem Hundestriegel.

Die Pflege für den Ausstellungshund unterscheidet sich nicht wesentlich von der Pflege des Haushundes. Wenn Sie Ihren Hund ausstellen möchten, halten Sie sich vor Augen, was der Rassestan-dard fordert: Der Typ des Belgischen Schäferhundes wird in hohem Maße durch seine Silhouette bestimmt. Diese Umrisslinien des Körpers können Sie durch entsprechendes In-Form-Bürsten und Kämmen betonen; ein Rassekenner kann durch geschicktes Zurechtmachen sogar kleine Mängel, die weniger er-wünscht sind, so kaschieren, dass sie zumindest nicht auf den ersten Blick für den Zuchtrichter zu erkennen sind.

Der Laekenois, der rauhaarige Belgische Schäferhund, ist, obwohl er nicht so aus-sieht, am schwierigsten zu pflegen. Er muss nämlich „gezupft" oder „ge-trimmt" werden. Hierbei werden über-stehende Haare mit der Hand oder mit

Alle Hunde, egal wie Ihr Fell beschaffen ist, müssen regelmäßig gebürstet werden. Beginnen Sie schon früh damit, Ihren Welpen an die Fellpflege zu gewöhnen.

Ihr Zoo-
händler hat
eine große
Auswahl an
Pflegeutensili-
en. Dort wer-
den Sie das
geeignete
Zubehör be-
stimmt
finden.

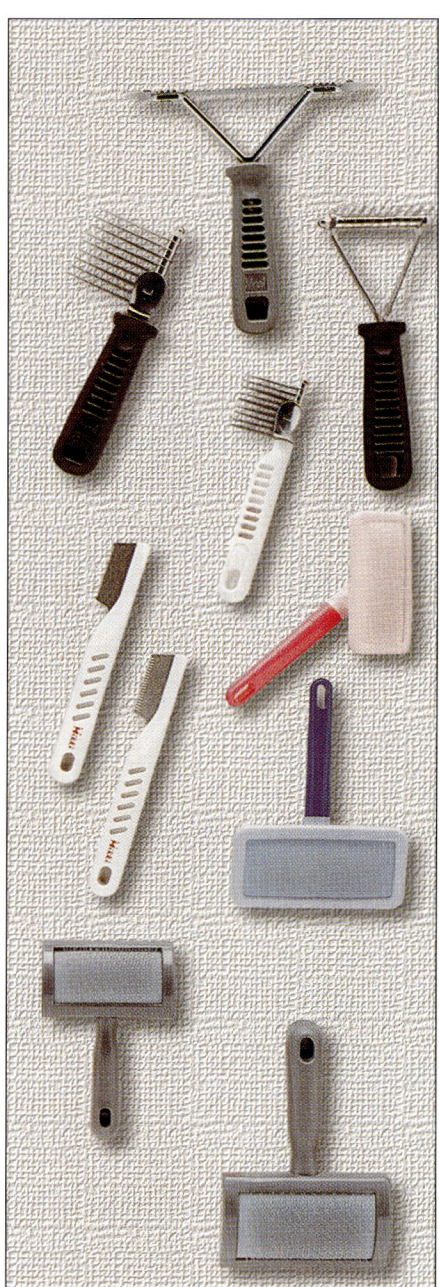

einem geeigneten Trimmmesser aus-
gezupft, und zwar am ganzen Körper.
Dies kann bei einem ausgewachsenen
Laekenois Stunden dauern und sollte
dem Experten vorbehalten bleiben.
Danach sieht der Laekenois wesentlich
attraktiver und ordentlicher aus als im
naturbelassenen Zustand.

Baden

Hunde müssen nicht so häufig und
regelmäßig baden wie Menschen, jedoch trägt auch bei ihnen das Baden zur
Gesunderhaltung der Haut und einem
schönen, glänzenden Fell bei. Auch hier
gilt, je besser Sie Ihren Welpen mit dem
Gebadetwerden vertraut machen, desto
unproblematischer ist die Prozedur beim
erwachsenen Hund. Wenn Sie Ihren
Hund nicht von kleinauf daran gewöhnen, von Zeit zu Zeit gebadet zu werden,
dann kann jedes Bad für Sie, Ihre Woh-

Pflegezubehör

Hier einige Beispiele, welche Hilfsmittel für die Körperpflege Ihres Hundes
nützlich sind:

- Naturborstenbürste
- Drahtbürste
- Metallkamm
- Schere
- Föhn
- Gummimatte
- Hundeshampoo
- Ohrreiniger
- Wattebällchen
- dicke Handtücher
- Krallenschneider

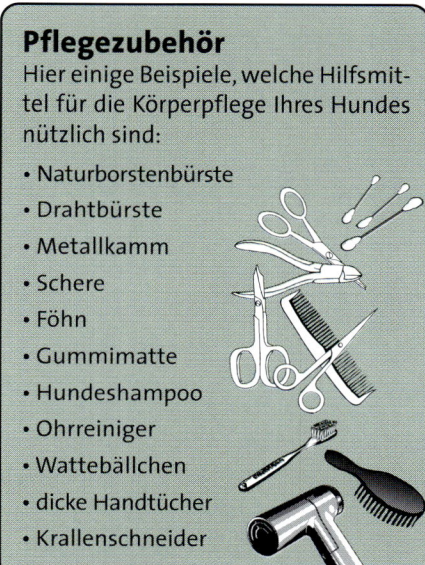

nung und Ihren Hund zu einem nassen und seifigen Alptraum werden.

Bevor Sie Ihren Hund baden, sollten Sie sein Fell gründlich durchbürsten, damit Verfilzungen und Verknotungen entfernt werden, was bei nassem Fell bedeutend schwieriger ist. Stellen Sie Ihren Hund beim Baden auf eine rutschfesten Unterlage. Nun wird zuerst das Fell mit einem Duscharm oder einem Gartenschlauch durchnässt. Achten Sie darauf, dass das Wasser handwarm ist. Nun tragen Sie das Shampoo auf, verteilen es gut und einmassieren es gleichmäßig ins Fell. Verwenden Sie nur ein spezielles Hundeshampoo und keines für das menschliche Haar. Nachdem der Körper eingeseift ist, wird der Kopf gewaschen, wobei darauf zu achten ist, dass kein Wasser oder Shampoo in die Ohren gelangt. Bei dieser Gelegenheit können

Bade-Tipp

Der Gebrauch von für den Menschen bestimmten Seifenprodukten wie Shampoos, Badeschaum und Seife kann der Haut und dem Fell Ihres Hundes ernsthaft schaden. Diese Produkte zerstören den Fettfilm der Haut und des Fells, der den Hund wiederstandsfähig gegen Witterungseinflüsse macht. Ihr Hund braucht nur dann ein Bad, wenn sein Fell stark verschmutzt ist oder der Tierarzt aus gesundheitlichen Gründen dazu rät.

Sie auch gleich die Haut Ihres Hundes auf Unebenheiten, Beulen, Zeckenbisse und andere Abnormalitäten hin abtasten. Baden Sie den Hund im wahrsten Sinne des Wortes von Kopf bis Fuß und lassen Sie auch die schlechter erreichbaren Körperpartien nicht aus.

Nachdem Ihr Hund rundherum eingeseift ist, muss das Shampoo gründlich ausgespült werden. Im Fell verbleibende Shampooreste führen zu Hautreizungen. Auch hierbei müssen Augen und Ohren vor dem Eindringen von Seifenwasser geschützt werden. Nach dieser Prozedur sollten Sie sich darauf gefasst machen, dass sich Ihr Hund ausgiebig schütteln wird, um so das Wasser aus dem Fell zu schleudern. Dies sollte bevorzugt im Freien geschehen. Falls Sie Ihren Hund nicht im Garten, sondern in der Badewanne gebadet haben, wickeln Sie ihn am besten in ein dickes Handtuch ein und tragen ihn zum Schütteln nach draußen.

Badetipps

Nachdem Sie das Fell Ihres Hundes gründlich ausgespült haben, pressen Sie das überschüssige Wasser mit den Händen aus und trocknen den Hund mit einem Handtuch ab. Sie können das Fell auch an der Luft oder auch mit Hilfe eines Föhns trocknen. Bei kaltem Wetter sollten Sie Ihren Hund niemals mit nassem Fell nach draußen lassen.

Es sind auch Trockenshampoos in Spray- oder Puderform erhältlich, die zwischen den Bädern zum Reinigen verschmutzter Fellbereiche verwendet werden können. Sie stellen zwar keinen Ersatz für ein Bad dar, sind jedoch zum Entfernen von kleinflächigen Verschmutzungen ganz praktisch, denn sie müssen nicht ausgespült werden.

Reinigung der Ohren

Die Ohren eines Hundes sollten stets sauber gehalten und die Haare in den Ohren zurückgeschnitten werden. Sie können mit einem Watteball und speziellem Reinigungsmittel oder auch mit Ohrpuder für Hunde gesäubert werden. Achten Sie dabei aufmerksam auf jegliche Anzeichen für Infektionen oder einen Ohrmilbenbefall. Wenn Ihr Belgischer Schäferhund häufig seinen Kopf schüttelt oder sich in den Ohren kratzt, ist das gewöhnlich ein Zeichen für ein vorliegendes Problem. Verströmen die Ohren einen ungewöhnlichen Geruch, ist das ein klarer Hinweis auf einen Milbenbefall oder eine Infektion, weshalb umgehend ein Tierarzt zu Rate gezogen werden sollte.

Zur regelmäßigen Pflege Ihres Hundes gehört auch das Reinigen der Ohren. Am besten lassen Sie sich die Handgriffe von Ihrem Tierarzt zeigen.

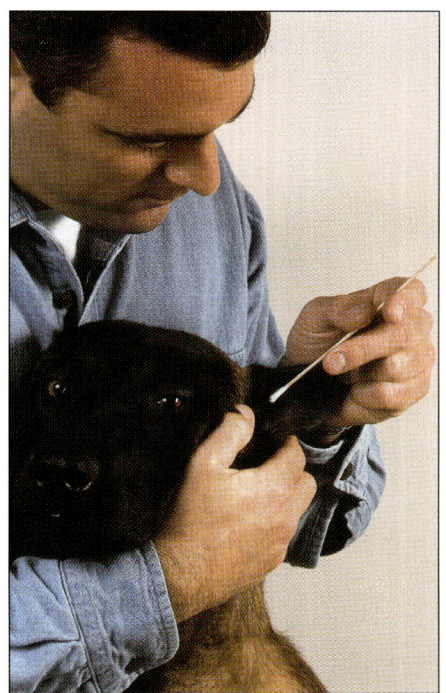

Das Beschneiden der Krallen

Ihr Belgischer Schäferhund sollte so früh wie möglich daran gewöhnt werden, sich ohne Gegenwehr die Krallen beschneiden zu lassen, denn diese Prozedur stellt einen festen Bestandteil der lebenslangen Körperpflege dar. Abgesehen davon, dass die Pfoten so besser aussehen, ist es eher eine Sicherheitsmaßnahme, denn lange Krallen stellen für Sie und Ihre Familie eine unnötige Verletzungsgefahr dar. Außerdem kann sich Ihr Hund eine lange Kralle viel schneller an- oder ausreißen, und darüberhinaus lassen lange Krallen die Zehen weit auseinanderstehen. Eine gute Faustregel ist die, dass wenn Sie die Krallen Ihres Hundes beim Laufen auf dem Boden hören können, es Zeit zum Beschneiden ist.

Bevor Sie nun darauf losschneiden, sollten Sie sich davon überzeugen, dass Sie die Ader in jeder Kralle deutlich sehen können. Diese Ader verläuft in der Mitte jeder Kralle und reicht bis in die Nähe der Krallenspitze. Wenn diese Ader versehentlich beim Krallenschneiden verletzt wird, kommt es zu einer starken Blutung. Da dabei empfindliche Nervenenden verletzt werden, verursachen Sie Ihrem Hund auch noch Schmerzen. Es ist deshalb empfehlenswert, während des Krallenbeschneidens für den Notfall etwas blutstillende Watte oder einen entsprechenden Puder zur Hand zu haben. Auf die Schnittstelle aufgetragen, kommt die Blutung schnell wieder zum Stillstand. Falls es zu einem solchen Unfall kommen sollte, geraten Sie bitte nicht in Panik, sondern bringen Sie die Blutung zum Stoppen und reden dabei besänftigend auf Ihren Hund ein. Nach-

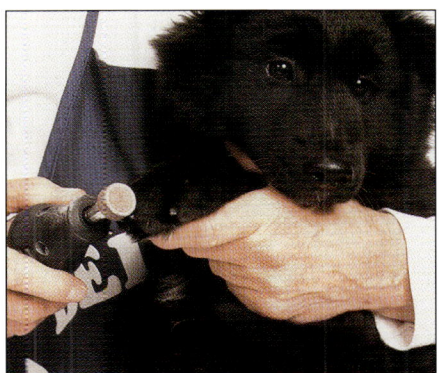

Krallenpflege

Hornmantel

Ader

Schnittlinie

Dunkel gefärbte Kralle

Bei dunklen Krallen ist die Ader oft nicht zu erkennen. Knipsen Sie sie stückchenweise ab oder gebrauchen Sie eine Feile.

Hell gefärbte Kralle

Bei hellen Krallen ist das Beschneiden viel einfacher, denn die Ader in der Kralle ist gut zu erkennen.

Das Schneiden oder Feilen der Krallen ist bei allen Hunden ein Muss, die nicht ständig auf hartem Untergrund laufen und sich die Krallen auf diese Art abwetzen.

dem er sich beruhigt hat, wenden Sie sich der nächsten Kralle zu. Es ist das Beste, anstatt eines relativ großen Stücks eher mehrmals kleine Teile der Kralle abzuknipsen, besonders bei Hunden mit dunklen Krallen, wo die Ader kaum mit bloßem Auge zu erkennen ist.

Es ist wichtig, dass Ihr Hund bei dieser Prozedur stillsitzt, denn jede plötzliche Bewegung wie das Wegziehen der Pfote oder Aufspringen stellen eine Verletzungsgefahr dar. Reden Sie mit Ihrem Hund in ruhigem und sanftem Ton, halten Sie dabei eine Pfote fest in einer Hand und beschneiden dabei die Krallenspitzen, eine nach der anderen, mit der freien Hand. Spezielle Krallenschneider für Hunde sind dafür am besten geeignet und in guten Zoofachhandlungen oder auch vom Tierarzt erhältlich.

Reisen mit Ihrem Hund

Autofahren

Ihr Hund sollte sich bereits als Welpe an das Fahren im Auto gewöhnt haben. Auch wenn Sie Ihren Hund gewöhnlich nicht im Auto spazierenfahren, so müs-

Schneiden Sie immer nur ein kurzes Stück der Kralle am vorderen Ende ab. So vermeiden Sie die Gefahr, Ihrem Hund in den Nerv und die Ader zu schneiden, die sich in jeder Kralle befinden.

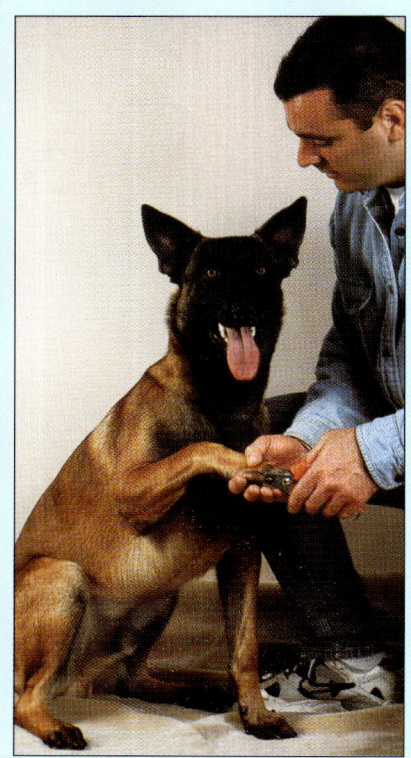

Die Krallenpflege

Ein Hund, der viel Zeit im Freien verbringt und auf harten Oberflächen läuft, wetzt sich seine Krallen auf natürliche Weise ab, wodurch das Beschneiden der Krallen meistens nur in den kalten Wintermonaten nötig wird, wenn der Hund seltener im Freien ist. In jedem Fall aber ist es ratsam, Ihren Hund bereits als Welpen an diese Prozedur zu gewöhnen. Viele Hunde reagieren auf die Berührung ihrer Pfoten sehr empfindlich, werden sie jedoch von klein auf daran gewöhnt, sollte es auch in Zukunft keine Probleme damit geben.

sen Sie doch hin und wieder mit ihm zum Tierarzt, und Sie werden bestimmt nicht wollen, dass diese Ausflüge für den Hund zu traumatischen Erlebnissen und für Sie zu einer Tortur werden. Der sicherste Platz für Ihren Hund im Auto ist seine Hundebox. Sie können zu dem Zweck die selbe Box verwenden, die Ihrem Hund auch zu Hause zur Verfügung steht.

Stellen Sie die Box im Auto auf die Rückbank, setzen Sie Ihren jungen Hund hinein und beobachten Sie seine Reaktion. Wenn ihm diese Situation so gar nicht zu behagen scheint, kann ihn auch ein mitfahrendes Familienmitglied oder eine andere Person auf dem Schoß halten. Eine weitere Möglichkeit ist der Gebrauch eines speziellen Sicherheitsgeschirrs für Hunde, das den Hund ähnlich wie ein Sicherheitsgurt auf seinem Platz festschnallt. Lassen Sie den Hund niemals frei im Auto herumlaufen, denn dies ist ausgesprochen gefährlich! Wenn Sie scharf bremsen, fliegt Ihr Hund wie ein Geschoss durch das Auto und kann sich und Sie schwer verletzen. Klettert er während der Fahrt zu Ihnen und ist ständig im Wege, werden Sie nur schwer auf die Straßenführung und den Verkehr achten können – eine gefährliche und unfallträchtige Situation für beide. Auf längeren Reisen müssen Sie regelmäßig anhalten, damit sich Ihr Hund erleichtern kann. Zu diesem Zweck sollten Sie alles Nötige bei sich haben, um die Hinterlassenschaften zu entfernen. Für den Fall, dass Ihr Hund im Auto einen „Unfall" hat oder reisekrank wird, sollten Sie ein altes Handtuch oder einen alten Putzlappen und etwas Reiniger bei sich haben.

Flugreisen

Für eine Flugreise mit Ihrem Hund müssen Sie sich zeitig vor Reiseantritt mit der betreffenden Fluggesellschaft in Verbindung setzen, da meist spezielle Vorbereitungen getroffen werden müssen. Es ist keineswegs ungewöhnlich, dass Hunde im Flugzeug reisen, jedoch muss die Genehmigung der Fluggesellschaft vorliegen. Der Hund wird gewöhnlich in einer Fiberglasbox transportiert. Sie dürfen entweder Ihre eigene benutzen oder müssen eine von der Fluggesellschaft mieten.

Legen Sie das Lieblingsspielzeug Ihres Hundes mit in die Box. Der Hund darf mindestens sechs Stunden vor Abflug nicht gefüttert werden und sollte sich beim Trinken so weit wie möglich einschränken. Es ist vorgeschrieben, dass dem Hund auch während des Fluges Wasser zur Verfügung stehen muss.

Stellen Sie sicher, dass Ihr Hund einwandfrei zu identifizieren ist und sich Ihre Kontaktdaten (Name, Telefonnummer und Adresse des Reiseziels) an seinem Halsband und seiner Box befinden. Hunde dieser Größe werden nicht mit den Passagieren transportiert, und obwohl solche Transporte für große Flug-

> ### Wussten Sie schon?
> Lassen Sie Ihren Hund niemals allein im Auto. Bei hohen Temperaturen kann Ihr Hund an Hitzschlag sterben. Selbst ein im Schatten geparktes Auto kann sich innen sehr schnell aufheizen. Offengelassene Fenster können gefährlich werden, wenn Ihr Hund versucht, aus seinem „Gefängnis" auszubrechen und sich dabei verletzt.

gesellschaften eine Routineangelegenheit sind, besteht ein gewisses Risiko, dass Sie durch einen dummen Zufall von Ihrem Hund getrennt werden.

Aufenthalt in der Hundepension

Sie wollen Familienurlaub machen und einmal alle Familienmitglieder nebst

Wenn Sie mit Ihrem Hund Ausstellungen besuchen wollen, wird er mehr Zeit im Auto und seiner Box verbringen als viele andere Hunde. Gewöhnen Sie ihn früh daran!

> ### Achten Sie drauf!
> Wenn Sie mit Ihrem Hund eine längere Autoreise unternehmen, informieren Sie sich vorher darüber, ob Ihr Hotel die Mitnahme von Hunden erlaubt. In vielen Hotels ist das nicht der Fall. Bieten Sie Ihrem Hund während der Fahrpausen – besonders an heißen Tagen – regelmäßig Wasser an.

Belgische Schäferhunde

Ihr Belgischer Schäferhund benötigt täglich viel Auslauf. Unausgelastet kann er destruktive Verhaltensweisen entwickeln.

Achten Sie drauf!
Lassen Sie Ihren Hund in Fahrtpausen niemals ohne Leine herumlaufen. Er kennt das Gelände genauso wenig wie Sie. Er könnte einen Schreck bekommen und weglaufen oder sich entscheiden, einer vorbeikommenden Katze hinterher zu jagen – und Sie sehen Ihren Hund dann vielleicht nie wieder.

Hund dabei haben. Natürlich buchen Sie für jeden Urlaub die Unterkünfte im Voraus. Dies ist besonders wichtig, wenn Ihr Hund mitreist. Sie wollen bestimmt nicht das Risiko eingehen, eine Übernachtung im einzigen Hotel weit und breit einzuplanen, um dann herauszufinden, dass Hunde dort nicht erlaubt sind. Sie sollten keine Zimmer für die Familie buchen, ohne zu erwähnen, dass auch ein Hund mit von der Partie ist. Alternativ dazu könnten Sie sich entschließen, Ihren Hund nicht mit auf die

Reise zu nehmen. Das bedeutet, dass Sie sich für die Dauer Ihres Urlaubs um eine Unterkunft für Ihren Hund kümmern müssen. Nun könnten Sie Ihn zu einem freundlichen und tierlieben Nachbarn geben, oder dieser könnte jeden Tag mindestens zweimal in Ihrem Heim vorbeischauen, den Hund gassiführen und füttern oder auch vorübergehend bei Ihnen wohnen, um sich intensiver um den Hund zu kümmern. Sie können Ihren Hund aber auch in einer zuverlässigen Hundepension in die Ferien schicken.

Manchmal werden Sie Ihren Hund in eine Pension geben müssen. Wählen Sie diese gut aus und achten Sie auf die Sauberkeit und wie die Angestellten mit den Hunden umgehen, damit Sie sich völlig sicher fühlen können.

Wenn Sie sich für diese Lösung entscheiden, sollten Sie sich die Unterkunft vorher genau ansehen und sich davon überzeugen, dass die dortigen hygienischen und sonstigen Bedingungen auch Ihren Vorstellungen entsprechen. Sprechen Sie mit den Angestellten und finden Sie heraus, wie die Hunde behandelt werden. Verbringen sie gemeinsame Zeit mit den Hunden, spielen sie mit ihnen und verschaffen sie ihnen die benötigte Bewegung? Erkundigen Sie

Denken Sie dran!
Ihr Hund ist für Sie sehr wertvoll. Wenn er verloren gehen würde, wären Sie bestimmt sehr traurig. Wenn Sie selbst einen herrenlosen Hund sehen, bringen Sie ihn in das nächste Tierheim!

sich auch nach den Richtlinien des Zwingers für Impfungen und danach, welche verlangt werden. Diese Richtlinien dienen dem Schutz aller Hunde im Zwinger, denn das Risiko zur Ausbreitung von Krankheiten ist dort, wo viele Hunde zusammen gehalten werden, naturgemäß höher.

Identifikation
Ihr Belgischer Schäferhund ist Ihnen ein wertvoller Gefährte und Freund. Aus diesem Grund behalten Sie ihn stets im Auge und haben sichergestellt, dass er nicht durch den Zaun aus dem Garten verschwinden oder sich sein Halsband samt Erkennungsmarke abstreifen und weglaufen kann. Trotzdem kann es zu unvorhersehbaren Situationen kommen, in denen Sie plötzlich von Ihrem Hund getrennt werden. Wenn es zu einem solch tragischen Unfall kommt, wird Ihr erster Gedanke sein, Ihren Hund so schnell wie möglich wiederzufinden. Eine einfache und schnelle Identifizierungsmöglichkeit wie eine Marke, eine Tätowierung oder ein Mikrochipimplantat erhöht die Chancen, dass Sie Ihren vierbeinigen Freund schnell und gesund zurückerhalten.

Identifikation
Achten Sie darauf, dass Ihr Hund beim Spaziergang ständig ein Halsband trägt, an dem ein Anhänger mit Ihrer Adresse befestigt ist. Die Hundemarke darf ebenfalls nicht fehlen. Läuft Ihr Hund weg, sehen die Finder gleich, dass er zu jemandem gehört und nicht herumstreunt. In bestimmten Gebieten kann dem Hund ein solcher Anhänger das Leben retten. Das Halsband ist neben der Tätowierung manchmal die einzige Chance, seinen Hund zurückzubekommen. In einer fremden Umgebung finden Hunde meist nicht zu der Stelle zurück, von der sie weggelaufen sind – und nach dem Weg können sie ja nicht fragen. Führen Sie Ihren Hund in einem unbekannten Gelände an der Leine Gassi, wenn Sie die Gefahr eines Verlustes ausschließen wollen.

Erziehung und Training Ihres Belgischen Schäferhundes

Mit einem nicht erzogenen Hund zu leben, ist auf Dauer genauso unbefriedigend, wie ein Klavier zu besitzen, ohne es spielen zu können: Es ist zwar schön anzusehen, mehr aber auch nicht. Nehmen Sie jedoch Klavierstunden, erwacht es plötzlich zum Leben und produziert Töne und Rhythmen, die Ihr Herz zum Singen und Ihren Körper zum „Swingen" bringen. Ähnlich ergeht es Ihnen mit Ihrem Belgischen Schäferhund. Ein Hund bedeutet eine große Verantwortung und Sie müssen Ihren Belgischen Schäferhund erziehen, wenn Sie nicht wollen, dass er ein inakzeptables Verhalten entwickelt. Sie wollen Ihren Hund doch überall hin mitnehmen, sie wollen ihn auch gelegentlich allein zu Hause lassen, vielleicht muss er auch von Zeit zu Zeit bei Freunden untergebracht werden – all dies ist viel einfacher mit einem wohlerzogenen Hund. Für Sie selbst, für Ihre Umgebung und nicht zuletzt für Ihren Hund!

Als Hundeneuling könnten Sie sich und Ihren Hund zum Beispiel bei einem Erziehungskurs anmelden. Dort lernen Sie, ihn zu erziehen, indem Sie selbst lernen, warum er sich so und nicht anders verhält. Finden Sie heraus, wie Sie sich Ihrem Hund verständlich machen können, und lernen Sie, seine Signale an Sie zu erkennen und zu verstehen. Ganz plötzlich sehen Sie Ihren Belgischen Schäferhund mit anderen Augen: Er ist klug, interessant und wohlerzogen; er ist nicht länger ein Spielzeug, sondern ein Partner, mit dem zusammen zu sein eine reine Freude ist. Er zeigt Ihnen seine Zuneigung täglich

Sie tun auch etwas für sich!

Die Forschung zeigt, dass Hundebesitzer, die viel für Ihren Vierbeiner tun, auch selbst davon profitieren. Eine 1998 in Amerika veröffentlichte Studie von Herzspezialisten beweist, dass die Haltung eines Hundes Ihr Leben verlängern kann. Hundebesitzer hatten einen niederigeren Blutdruck, waren entspannter und körperlich fitter. Ältere Mitmenschen halten ihre sozialen Kontakte durch einen Hund besser aufrecht.

auf's Neue! Mit anderen Worten: Ihr Belgischer Schäferhund wirkt Wunder für Ihr Ego; er erinnert Sie permanent daran, dass Sie nicht nur sein Herr, sondern einfach der Größte für ihn sind. Wundersame Dinge haben sich ereignet – Sie haben einen vorbildlichen, allseits beliebten Hund (sogar Ihren Freunden ist seine Verwandlung aufgefallen), und – geben Sie es zu – Sie sind ein bisschen stolz!

Viele Hundeausbilder, die Gehorsamstraining bei Hunden durchführen oder deren Besitzer durch entsprechende Aufklärung dabei unterstützen und anleiten, haben interessante Erkenntnisse gewonnen. Die Erziehung schon im Welpenalter verspricht den besten Erfolg. Das Training von Hunden im Alter zwischen sechs Monaten und sechs Jahren bringt fast das gleiche Ergebnis. Die

Ernten Sie die Früchte

Wenn Sie einen gesunden, normal entwickelten Hund haben, und in seine Erziehung etwas Zeit und Geduld investieren, werden Sie sich ihr ganzes gemeinsames Leben lang an den Früchten Ihrer Arbeit erfreuen können. Sie und Ihr Hund werden viel mehr Spaß an ihrer Freundschaft haben, die sie gemeinsam mit Liebe, Respekt und Verständnis aufgebaut haben.

Besitzer müssen dann akzeptieren, dass ihr Hund in diesem Alter nicht mehr so schnell lernt wie ein Welpe, und ihn mit der nötigen Geduld unterstützen, um seine Fähigkeiten auch jetzt noch voll auszuschöpfen. Leider ist es genau diese Geduld, die so vielen Besitzern unerzogener erwachsener Hunde fehlt.

Das Training von Welpen im Alter von acht bis sechzehn oder höchstens zwanzig Wochen ist vergleichbar mit einem trockenen Schwamm, der in ein Wasserbecken gelegt wird: Der Welpe saugt alles auf, was Sie ihm zeigen, und er wartet begierig auf neue Dinge, die er ausprobieren und lernen kann. In diesem Alter wird sein Körper noch nicht von Sexualhormonen gesteuert, und genau darin liegt das Geheimnis des Erfolgs. Ohne den Einfluss dieser Hormone ist er vor allem auf seinen Besitzer konzentriert; sein Interesse an fremden Orten, Hunden oder auch Menschen ist noch wenig ausgeprägt. Sie sind sein Lebensinhalt, Sie geben ihm Futter, Wasser, Schutz und Sicherheit. Deswegen schließt er sich Ihnen an und bleibt auf

Die Freude, die Ihnen ein gesunder, gut trainierter Belgischer Schäferhund gibt, kann man nicht mit Worten beschreiben.

99

Erziehungsratschlag

Ein Hund tut alles, um Ihre Aufmerksamkeit zu erlangen. Wenn Sie Ihren Hund für ruhiges und artiges Verhalten belohnen, wird er sich zu einem Hund mit guten Manieren entwickeln. Wenn Sie ihn aber immer aufgeregt und überschwänglich begrüßen und ihn zum Herumtoben in der Wohnung animieren, wird er sich zu einem ruhelosen, hektischen Hund entwickeln.

Wenn die Hormonproduktion beginnt, kommt seine angeborene Neugier zum Vorschein und er beginnt, die Welt um ihn herum intensiv zu erkunden. Besitzer untrainierter Hunde machen die Erfahrung, dass dies der Zeitpunkt ist, ab dem Ihr Hund immer häufiger seine eigenen Wege geht und manchmal sogar Ihre Kommandos ignoriert. Spätestens jetzt sollten Sie anfangen, Ihren Belgischen Schäferhund zu erziehen. Wenn Sie dies nicht tun, wird Ihr Hund immer gravierendere Verhaltensauffälligkeiten zeiegn, so dass Sie ihn früher oder später abgeben werden.

Leider finden Erziehungskurse nicht immer in erreichbarer Nähe statt, und manchmal ist der Unterricht auch viel zu teuer. Die folgenden Seiten sollen an die Stelle professioneller Anleitung in einer Hundeschule treten und Ihnen bei der Lösung Ihrer Probleme helfen. Wenn Sie die empfohlenen Vorgehensweisen Schritt für Schritt vertrauensvoll befolgen, werden Sie und Ihr Hund durch den mit Sicherheit eintretenden Erfolg belohnt. Ob Ihr Belgischen Schäferhund nun ein Welpe oder ausgewachsen ist: Die

Schritt und Tritt in Ihrer Nähe. Er wird auf fremde Menschen und Tiere so reagieren, wie er das bei Ihnen beobachtet. Wenn Sie einen Freund herzlich begrüßen, geht er auch freudig auf diese Person zu; wenn Sie einem Fremden jedoch zögernd oder ängstlich begegnen, verhält er sich ebenso.

Wussten Sie schon?

Ihr Welpe darf während des Fressens nicht abgelenkt oder gestört werden. Stellen Sie seinen Futternapf in eine Ecke der Küche, in der er völlig ungestört ist und wo keine hektische Betriebsamkeit herrscht. Achten Sie besonders darauf, dass Ihre Kinder den Kleinen beim Fressen in Ruhe lassen! Es wäre nur zu verständlich, wenn er sich wehren würde!

Trainingsmethoden und die Techniken, mit denen bestimmte Grundverhaltensweisen vermittelt werden, sind im Grunde dieselben. Eins muss aber von vornherein klar sein: Kein Hund verkraftet eine brutale oder unmenschliche Behandlung. Aber alle Lebewesen sprechen gern auf sanfte, motivierende Methoden an und reagieren besonders auf Lob und Ermunterung. In diesem Sinne: An die Arbeit!

Erziehung zur Stubenreinheit

Jedem Welpen ist beizubringen, sich nur an einem bestimmten Platz zu lösen. Draußen gibt es die verschiedensten Bodenverhältnisse wie Grasflächen, Erde, Zementflächen und so weiter. Wenn Sie einmal festgelegt haben, auf welchem Untergrund sich Ihr Hund lösen soll, dann ist das eine einschneidende Entscheidung. Wenn Sie Ihren Hund erfolgreich an Gras gewöhnt haben, und es sich nach zwei Monaten plötzlich anders überlegen, dürfte das für Sie und Ihren Hund eine sehr schwierige und unter Umständen langwierige Umgewöhnung werden.

> ### Wussten Sie schon?
> Für den Hund entsprechen Ihre Hände seiner Schnauze: Sie halten fest, liebkosen, wehren ab und vieles mehr. Es ist eine völlig natürliche Reaktion, dass er Sie zwickt, wenn Sie ihn beispielsweise grob anfassen – und keinesfalls echte Aggressivität! Obwohl Beißen grundsätzlich nicht akzeptabel ist, müssen Sie den richtigen Umgang mit Ihrem Hund lernen.

Als nächstes sollten Sie sich ein Kommando überlegen das Sie ausnahmslos jedesmal benutzen wollen, wenn sich Ihr Welpe lösen soll. Häufig gebraucht werden zum Beispiel: „Gassi!" oder „Mach ein Bächlein!". Wenn Ihrem Hund das von Ihnen bevorzugte Kommando geläufig geworden ist, machen Sie es sich zur Gewohnheit, ihn immer bevor Sie mit ihm hinausgehen zu fragen: „Musst Du ein Bächlein machen?" Er wird den Ausdruck wiedererkennen und genau wissen, was auf ihn zukommt. Wenn ihm das Kommando schließlich in Fleisch und Blut übergegangen ist, werden Sie schon an seiner Reaktion auf Ihre Frage erkennen können, ob er wirklich muss oder nicht. Zumindest zeigt Ihr Hund an, ob er mit Ihnen nach draußen will oder nicht. Aufgeregtes Umherlaufen, Schwanzwedeln und Begeisterung bedeuten unverkennbar „Ja!"

Sich die Zeit für die Erziehung seines Hundes zu nehmen, bedeutet gleichzeitig, die gemeinsame Lebensqualität zu erhöhen.

Die üblichen Zeiten

Merken Sie sich folgendes als Faustregel: Ihr Welpe muss sich jedes Mal nach dem Spielen, nach jeder Mahlzeit, nach dem Schlaf und auch jedesmal dann

Trennungsangst

Verhaltensforscher sehen in der Trennungsangst den größten Stressfaktor für Ihren Hund, der sogar zu Aggressionen und einem destruktiven Verhalten führen kann. Hinter den Ängsten Ihres Belgischen Schäferhundes steckt mehr, als sein Heulen und Winseln vermuten lässt, wenn Sie das Haus verlassen und er allein zurückbleiben muss. Dies ist nur eine normale Reaktion, die auch jedes Kind zeigt, wenn es am ersten Tag im Kindergarten oder der Schule von seiner Mutter alleine gelassen wird und ebenfalls zu weinen beginnt. In der Tat findet Ihr Hund eine Trennung umso schlimmer und traumatischer allein gelassen zu werden, wenn Sie jede Minute miteinander verbringen. Sicher genießen Sie es, wenn Sie die Zeit gemeinsam mit Ihrem Hund verbringen. In Ihrer Gegenwart blüht er förmlich auf und scheint Ihre ganze Aufmerksamkeit und Liebe zu brauchen. Nichtsdestotrotz sollte Ihre Beziehung nicht zu einer Abhängigkeit Ihres Hundes von Ihnen führen, die ihm das Herz bricht, sobald er einige Stunden ohne Sie auskommen muss. Sein gebrochenes Herz kann ihn auf dumme Gedanken bringen, die sowohl zu destruktivem Verhalten als auch zu Appetitlosigkeit, Depression und in der Folge zu Desinteresse am Spiel oder anderen Aktivitäten führen können. Für einen Belgischen Schäferhund sind Langeweile und Inaktivität gleichbedeutend mit Folter! Wenn Sie Ihren Belgischen Schäferhund den ganzen Tag alleine in

der Wohnung lassen – ohne irgendeine Abwechslung –, wird er sich stundenlang vor Kummer verzehren, schmollen und Trübsal blasen bis Sie wiederkommen. Für einen so intelligenten und aktiven Hund dieser Schäferhundrasse, ist dies gleichbedeutend mit einem täglichen Gefängnisaufenthalt. Verhaltensforscher verwenden viel Energie darauf, Hundebesitzern die Ernsthaftigkeit dieses Stressfaktors zu vermitteln.

erleichtern, wenn er Ihnen dies durch unruhiges Schnüffeln und Umherlaufen anzeigt. Seine Blasen- und Darmmuskulatur sind im Welpenalter nur unvollkommen entwickelt; deshalb ist dieser häufige Lösedrang beim Welpen – wie auch beim Säugling – ganz natürlich. Geben Sie ihm die Möglichkeit, sich zu lösen, indem Sie öfter mit ihm nach draußen gehen – im Alter von acht Wochen möglichst stündlich, mit zunehmendem Alter dann nach und nach sel-

Entwicklungsstufen des Hundes

Es ist wichtig zu verstehen, wie und in welchem Alter ein Welpe sich zum erwachsenen Hund entwickelt. Als Welpenbesitzer sollten Sie den nachfolgenden Plan über die verschiedenen Entwicklungsstufen, die ein Junghund durchläuft, zu Rate ziehen, um so herauszufinden, in welcher Phase sich Ihr Welpe gerade befindet. Diese Kenntnis wird Ihnen in den ersten Wochen und Monaten bei der Arbeit mit Ihrem Hund eine große Hilfe sein.

Phase	Alter	Merkmale
ERSTE BIS DRITTE	GEBURT BIS 7 WOCHEN	Der Welpe braucht Futter, Schlaf und Wärme und reagiert auf sanfte Berührung; er braucht seine Mutter, die ihm Sicherheit gibt und ihn erzieht, und seine Geschwister, um den Umgang mit anderen Hunden zu lernen; er lernt Rudelverhalten und die Rangordnung im Rudel zu akzeptieren. Er fängt an, mit Erwachsenen und Kindern Kontakt aufzunehmen und bewusst seine Umgebung wahrzunehmen.
VIERTE	8 BIS 12 WOCHEN	Das Gehirn ist voll entwickelt. Jetzt muss die Gewöhnung an die Außenwelt beginnen. Mutter und Geschwister werden immer weniger gebraucht. Kann jetzt vom Hunde- ins Menschenrudel wechseln und begreift schnell die menschliche Dominanz. Von 8 bis 16 Wochen hat der Welpe seine „ängstliche" Phase; furchterregende und schmerzhafte Erfahrungen sollten von ihm ferngehalten werden.
FÜNFTE	13 BIS 16 WOCHEN	Beginn des Gehorsamstrainings. Reduzieren Sie den Kontakt Ihres Welpen zu anderen Hunden etwas, bringen Sie ihn mehr in menschliche Gesellschaft. Denken Sie daran: Nun beginnt der Wechsel zum Erwachsensein. Behandeln Sie ihn fest, aber gerecht! Sein Fluchtinstinkt ist jetzt deutlich ausgeprägt. Sowohl zu große Nachgiebigkeit als auch übermäßige Strenge können irreparable Schäden anrichten. Loben Sie ihn bei jeder Gelegenheit!
JUNGHUND	4 BIS 8 MONATE	Noch eine „ängstliche" Phase im Alter von sieben bis acht Monaten, die zwar schnell vorüber ist, aber dennoch sollte er in dieser Zeit nicht verschreckt werden oder Schmerz erleiden. Die Geschlechtsreife ist erreicht; die wichtigsten Charakterzüge sind gefestigt. Er sollte „Sitz", „Platz", „Komm" und „Bleib" befolgen können.

Anmerkung: Dies ist nur ein ungefährer Zeitrahmen. Einzelne Unterschiede bei den Welpen sind zu berücksichtigen.

Belgischer Schäferhund

Wenn Kinder in Ihrem Haushalt leben, sollten sie unbedingt den Umgang mit Ihrem Hund lernen.

tener. Dem erwachsenen gesunden Hund werden dann drei bis fünf diesem Zweck dienende Gelegenheiten, über den Tag verteilt, völlig ausreichen.

Die Unterbringung des Welpen

Da die Unterbringung des Welpen und damit die Möglichkeit, ihn zu kontrollieren, in unmittelbarem Zusammenhang mit einer erfolgreichen Sauberkeitserziehung stehen, sollen zunächst einige relevante Aspekte angesprochen werden, bevor es an die praktischen Übungen geht.

Ihren Welpen in sein neues Zuhause zu bringen und ihn dort sich selbst zu überlassen ist ungefähr so, als wenn Sie ein Kleinkind in einem Fußballstadion alleinlassen und ihm sagen, dies gehöre alles ihm! Es könnte schon die Dimensionen nicht verkraften.

Bieten Sie Ihrem Kleinen statt dessen kleinere, überschaubare Bereiche, in denen er spielen, schlafen, fressen und leben kann. Vorzugsweise den Raum, in dem sich auch der größte Teil Ihres Familienlebens abspielt. Welpen sind Rudeltiere, die sich von Anfang an als Teil des Familienverbandes fühlen müssen. Ihre Stimme zu hören, Sie bei Ihrer Arbeit zu beobachten und Ihren Geruch in der Nase zu haben, während Sie in seiner Nähe sind, geben ihm das Gefühl, dass er wirklich dazugehört. Besonders geeignet ist erfahrungsgemäß die Küche, vor allem, wenn eine Eßecke angeschlossen ist; so ist er fast den ganzen Tag unter Aufsicht – zu seiner eigenen und auch zu Ihrer Sicherheit.

In diesem Zimmer sollte ein Bereich nur Ihrem Welpen zur Verfügung stehen. Ein Welpenkorb, eine Draht- oder Kunststoffbox oder eine durch ein Gitter abgetrennte Ecke, von der aus er Ihre Aktivitäten beobachten kann, sind genau das Richtige.

Die Größe dieses Bereichs spielt eine entscheidende Rolle: Der Welpe muss sich bequem hinlegen, ausstrecken und aufrecht stehen und sitzen können, ohne sich zu stoßen. Andererseits muss sein Platz gerade so klein sein, dass er nicht die Möglichkeit hat, sich in der einen Ecke zu lösen und in der anderen, ungestört durch seine eigenen Ausscheidungen, zu schlafen. Wie gesagt, Hunde sind von Natur aus reinliche Tiere, die niemals freiwillig in der Nähe ihrer eigenen Hinterlassenschaften bleiben – es sei denn, er würde durch zu langes Eingesperrtsein zur Unsauberkeit gezwungen. Die Box oder das Körbchen sollten mit sauberen Tüchern ausgelegt sein und auch Spielzeug enthalten. Füttern Sie Ihren Welpen nicht in der Box, und geben Sie ihm dort auch kein Wasser: Dies würde umgehend seine Verdauung aktivieren, und er würde sich bei seinen Versuchen sehr unwohl fühlen , „es einzuhalten".

Kontrolle

Kontrolle bedeutet schlicht, Ihrem Welpen zu helfen, seine Lebensweise voll der seines menschlichen Rudels (also Ihrer!) anzugleichen. Ebenso wie wir unsere Kinder dazu bringen, unserem Tagesablauf zu folgen und ihn zu respektieren, müssen wir auch dem Welpen zeigen, wann seine Spiel-, Essens-, Schlaf- und Lösezeiten sind und wann er sich allein beschäftigen muss.

Drahtkäfige haben den Vorteil gegenüber Boxen, dass sie eine bessere Luftzirkulation erlauben und der Hund einen besseren Ausblick genießt.

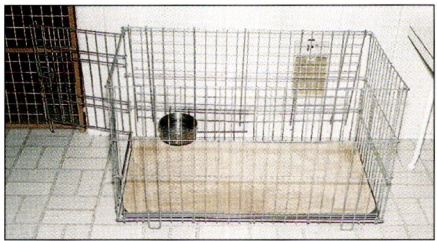

Ihr Welpe sollte von Anfang an lernen, an seinem Platz zu schlafen – und nur dort. Er muss begreifen, dass er – zu seiner eigenen Sicherheit und Bequemlichkeit – tagsüber zeitweise auch allein in seiner Box bleiben muss, zum Beispiel wenn im Haushalt ein großes Durcheinander herrscht, oder wenn morgens ein Familienmitglied nach dem anderen mehr oder weniger hektisch das

Die Erfolgsmethode

1. Schritt Sagen Sie dem Welpen „Geh in die Box!" und setzen Sie ihn mit einer kleinen Belohnung (beispielsweise einem Stück Käse oder einem Stück vom Hundebisquit) hinein. Lassen Sie ihn fünf Minuten in der Kiste und bleiben im selben Raum. Dann lassen Sie ihn heraus und loben ihn überschwenglich. Holen Sie ihn aber keinesfalls heraus, wenn er jammert! Warten Sie so lange, bis er ruhig ist.

2. Schritt Wiederholen Sie Schritt eins mehrmals am Tag.

3. Schritt Am zweiten Tag setzen Sie den Kleinen in seine Box wie am Vortag, lassen ihn aber erst nach zehn Minuten wieder heraus. Wiederholen Sie dies mehrmals.

4. Schritt Machen Sie so weiter; steigern Sie die Verweilzeiten in der Box aber jeweils um fünf Minuten, bis der Welpe 30 Minuten ohne Murren in seiner Box bleibt – immer noch in Ihrer Anwesenheit! Vergessen Sie nicht, ihn nach so langem Aufenthalt in der Kiste immer sofort zu seinem Löseplatz zu bringen.

5. Schritt Beginnen Sie bei Schritt eins, verlassen Sie jedoch nun den Raum, während der Kleine in der Box ist.

6. Schritt Steigern Sie die Verweilzeit in der Box wieder in Fünf-Minuten-Schritten, bis er 30 Minuten ruhig darin bleibt, ohne dass Sie im Zimmer sind. Wenn er dabei sogar einschläft, haben Sie gewonnen – und können ihn unbesorgt für mehrere Stunden in seiner Box lassen.

In sechs Schritten an die Box gewöhnt

Haus verlässt. Grundsätzlich gilt: Wenn Sie Ihren Welpen allein lassen müssen, sollte er in seiner Box sein. Wie schon gesagt, Welpen kauen gern. Sie kennen aber den Unterschied nicht zwischen Tischbeinen, Schuhen, Elektro- und Fernsehkabeln. Vor allem die erste Begegnung mit Strom kann fatal für den Hund und Ihr Haus enden. Vielleicht nutzt Ihr Welpe die Zeit auch und nagt die Armlehne Ihres Sessels an. Es ist ganz natürlich, dass Sie sich darüber ärgern und ihn nach Ihrer Rückkehr gehörig ausschimpfen wollen – aber halt! Schlucken Sie zweimal und denken Sie nach: Ihr Welpe würde hierdurch einzig und allein die Erfahrung machen, dass Ihre Rückkehr für ihn Unannehmlichkeiten bedeutet! Die Armlehne hat er längst vergessen; er ist nicht in der Lage, Ihren Zorn mit dieser Tat in Zusammenhang zu bringen. Aber die Bestrafung würde er mit Sicherheit nie vergessen!

Außergewöhnliche Anlässe in Ihrem Haus wie Parties oder Familienfeiern mit vielen Besuchern findet auch Ihr Welpe aufregend – solange er sie aus der Geborgenheit seiner Box beobachten kann. Er ist nicht in Gefahr, getreten zu werden, und Ihnen ist es sicher lieber, nicht ständig aufpassen zu müssen, ob er mit „Leckerbissen" gefüttert wird, die ohnehin ungesund für ihn sind.

Der Tagesablauf

Nach jeder Mahlzeit, nach jeder Spielstunde, jedesmal, wenn Sie ihn aus seiner Kiste holen, jeden Morgen sofort nach dem Aufwachen (das kann durchaus schon um fünf Uhr sein!) und natürlich immer dann, wenn er es durch unruhiges Drehen und Schnüffeln anzeigt,

Welpen suchen sich einen kühlen, ruhigen Ort zum Entspannen. Geben Sie Ihm viel Zeit, um sich auszuruhen und zu erholen. Übertreiben Sie die Spielstunden anfangs nicht.

Bitte Spielen einplanen!

Ihr Welpe muss regelmäßig spielen und laufen. Sein Auslauf kann aus einem kurzen Spaziergang um das Haus oder durch den Garten bestehen; besondere Freude wird es ihm bereiten, wenn Sie einen Ball werfen, dem er nachjagen kann. Benutzen Sie für solche Spiele während des Zahnwechsels keine zu harten Gegenstände, am besten spezielles Kauspielzeug. Wenn Sie im Haus mit ihm spielen, sollte dies, zumindest bis er stubenrein ist, nur in dem für ihn vorgesehenen Bereich geschehen.

muß Ihr Hund Gassi. Mit einem Welpen unter zehn Wochen sollten Sie stündlich nach draußen gehen. Wenn er älter wird, hält er es nach und nach länger aus. Bringen Sie ihn nur kurz zu seinem Löseplatz, nie länger als fünf Minuten! Erleichtert er sich während dieser Zeit,

und gehen mit ihm zu seinem Löseplatz zurück. Sie dürfen Ihren Welpen nie schlagen oder seine Nase in seine Hinterlassenschaften drücken, wenn ihm ein Missgeschick passiert! Unverständlicherweise scheint diese Unsitte recht verbreitet zu sein.

Wenn Sie wieder im Haus sind, soll der Kleine zweckmäßigerweise an seinem Platz bleiben, bis Sie sein Missgeschick in Ruhe beseitigen konnten. Sonst könnte er durch den noch wahrnehmbaren Geruch dazu stimuliert werden, sich wiederum hier zu lösen! Beobachten Sie ihn noch intensiver als zuvor, damit Sie erkennen, wann er muss. Seien Sie aber niemals böse, wenn „es" denn doch geschehen ist. Mit der Zeit wird er begreifen, dass diese kurzen „Ausflüge" ausschließlich dazu dienen, sich zu lösen. Dann wird er drinnen und draußen spielen und trotzdem genau wissen, wann er sein Geschäft zu verrichten hat.

loben Sie ihn in den höchsten Tönen. Wenn nicht und das Unglück passiert nach der Rückkehr ins Haus, nehmen Sie ihn mit einem scharfen „Nein!" hoch

Der Zeitungsteppich

Sie dürfen den Schlafbereich Ihres Welpen nicht mit Zeitungspapier auslegen. Vermutlich ist er beim Züchter mit Zeitungspapier aufgewachsen, das den Kleinen als Löseplatz gedient hat. Daran wird er sich auch bei Ihnen sofort erinnern. Wenn Sie dies nicht auch in Ihrem Haus ausdrücklich beibehalten wollen (an einer bestimmten Stelle!), sollten Sie kein Zeitungspapier auf den Boden legen – dies würde ihn nur verwirren. Übrigens sollten Sie Ihren Welpen vor dem Schlafen nicht mehr zu viel trinken lassen – dann hält er nachts viel besser durch.

Gewöhnen Sie ihn an feste Zeiten, zu denen er sein Nickerchen machen, allein sein, allein spielen oder in seiner Box ausruhen soll. Zeigen Sie ihm, dass er sich auch alleine beschäftigen kann. Er muss lernen, dass es – leider! – nicht Ihr Lebenszweck ist, nur für ihn dazusein.

Auch wenn Sie Ihren Belgischen Schäferhund in seine Box setzen, sollten Sie jedesmal dasselbe Kommando benutzen. Nach kürzester Zeit wird er allein zu ihr hinlaufen und hineingehen. Lassen Sie Ihren Hund anfangs aber niemals zu lange in seiner Box (außer nachts, wenn ohnehin das ganze Haus schläft). Sämtliche Erfahrungen des Welpen mit der Box müssen positiv sein, dann wird Ihr ausgewachsener Schäferhund mit Begeisterung längere Zeit in seiner Box verbringen. Er hat die Box als selbstverständlichen Teil seines Lebens akzeptiert. Dies bringt Sicherheit für den Hund, für Sie und für Ihr Haus. Diese Sicherheit wird das Selbstvertrauen Ihres Welpen

In öffentlichen Anlagen sind Sie dafür verantwortlich, die Hinterlassenschaften Ihres Hundes zu beseitigen.

entscheidend fördern – neben der Tatsache, dass die Box ein wertvolles Hilfsmittel bei der Erziehung zu seiner Stubenreinheit ist.

Ein weiteres Mittel hierzu ist die ständige Überwachung Ihres Welpen. Dies ist aber kaum permanent möglich; deshalb ist es unumgänglich, dass es einen Platz gibt, an dem der Kleine sicher untergebracht ist und sich dabei wohlfühlt. Auch hier ist die Gewöhnung an die Box eine gute Wahl schon im Welpenalter und für das ganze Leben.

Sie sehen: Es sind nur wenige Schlüsselelemente für eine erfolgreiche Sauberkeitserziehung vonnöten – Konsequenz, Regelmäßigkeit, Lob, Kontrolle und Beaufsichtigung. Wenn Sie diese Grunderfordernisse stets vor Augen haben, sollte Ihr Welpe schnell über die Phase der „Missgeschicke" hinaus sein.

Ein sauberes Leben

Ein der Größe Ihres Welpen angemessener, eingegrenzter Schlaf- und Ruheplatz und häufig angebotene Lösemöglichkeiten draußen (oder auch auf Zeitungspapier, wenn Sie sich für diese Variante entschieden haben) kommen den natürlichen Instinkten Ihres Hundes entgegen. Sein angeborenes Bedürfnis, seinen Schlafplatz sauber zu halten, wird unterstützt, und dies wiederum hilft bei der Entwicklung der Muskelkontrolle, die für einen stubenreinen Hund unbedingte Voraussetzung ist.

Disziplin, Belohnung und Strafe

Disziplin bedeutet, sich nach bestimmten Regeln zu verhalten, die Ordnung in das Leben bringen. Ohne Disziplin, insbesondere in einer größeren Gemeinschaft, bricht Chaos aus, und die Gruppe wird früher oder später auseinanderbrechen. Menschen und Hunde sind soziale Lebewesen, deren Gemeinschaft

Ihr Welpe muss mehrmals am Tag nach draußen, um sich lösen zu können. Teilen Sie diese Spaziergänge untereinander auf, damit jedes Familienmitglied ein Verantwortungsbewusstsein entwickelt.

ohne eine gewisse Disziplin nicht funktionieren kann. Sowohl im Hunde- wie auch im menschlichen Familienverband muß Futter besorgt, das Heim geschützt, der Nachwuchs betreut und die Vermehrung gesichert werden, sonst geht die Gruppe unter. Das Lebewesen, das disziplinlos ist und sich in eine solche Gemeinschaft nicht einfügt, würde verhungern oder von Stärkeren gefressen werden. Hier schließt sich der Kreis: Unsere Haushunde brauchen Disziplin, um zu verstehen, wie ihr Rudel (also Sie und Ihre Familie) funktioniert, und wie sie sich zu verhalten haben, um sich in diese Gemeinschaft einzufügen.

In einem dichtbesiedelten Gebiet wurden kürzlich Hundebesitzer darüber befragt, wie sie das Zusammenleben mit ihrem Hund beurteilten. Das Ergebnis kann nicht verwundern: Diejenigen, die ihren Hund erzogen hatten, waren zu 75 Prozent zufriedener mit ihrem Vierbeiner als die Leute, deren Hund keine solche Erziehung genossen hatte.

Der amerikanische Psychologe Dr. Edward Thorndike hat eine Theorie aufgestellt, die unter dem Namen „Thorndike's Theorie des Lernens" bekannt geworden ist und auf der simplen Erfahrung gründet, dass ein Verhalten, das ein erfreuliches Ereignis nach sich zieht, gern wiederholt wird.

Auf dieser Theorie bauen alle modernen Trainingsmethoden auf. Wenn Sie einem Hund beispielsweise ein bestimmtes Verhalten beibringen und ihn belohnen, sobald er es gezeigt hat, wird er es gern wiederholen – einfach weil er das Endergebnis genießt!

Gelegentlich ist eine Bestrafung für ein Fehlverhalten unumgänglich. Am effektivsten haben sich Strafen erwiesen, die von einer äußeren Quelle kommen. Ein Beispiel: Einem Kind wird verboten, den Ofen anzufassen, da es sich verbrennen könnte. Es gehorcht nicht und berührt den Ofen. Das Kind verbrennt sich und erleidet Schmerz. Von nun an wird es den Ofen meiden. Es gilt: Ein Verhalten, das zu einem unerfreulichen Ereignis führt, wird nicht wiederholt.

Ein treffendes Beispiel für diese These liefert der Hund, der ständig die Familienkatze jagt. Schon hundertmal wurde ihm befohlen, die Katze nicht zu ärgern, aber er hört nicht auf! Bis die Katze eines Tages die Nase voll hat, sich umdreht, ihm mit ihren scharfen Krallen quer durch's Gesicht zieht und ihn mit einer schmerzhaften Wunde stehen läßt. Der Hund wird die Katze künftig in Frieden lassen. Verstehen Sie, was gemeint ist?

Nützliche Trainingshilfen

Halsband und Leine

Für den Belgischen Schäferhund ist ein einfaches Textil- oder Lederhalsband, das mittels einer stabilen Schnalle geschlossen werden kann, völlig ausrei-

Nehmen Sie die Leine!

Sie sollten Ihren Hund nicht zu seinem Löseplatz tragen. Führen Sie ihn an der Leine dorthin, oder locken Sie ihn, so dass er Ihnen dorthin folgt. Wenn Sie nicht rechtzeitig aufhören, ihn zu seiner „Toilette" zu tragen, werden Sie das auf ewig tun müssen – Ihr Kleiner hat Sie erfolgreich erzogen!

Belgischer Schäferhund

Belgische Schäferhunde verlieren ihren Spieltrieb bis ins hohe Alter nicht. Dieser Malinois fordert seinen Halter gerade zum Spielen auf.

chend. Es ist empfehlenswert, eine ein bis zwei Meter lange Leine aus Leder, Kunststoff oder reißfestem Textilmaterial zu verwenden.

Leckerbissen zur Belohnung

Davon können Sie gar nicht genug in der Tasche haben! Irgendetwas Nahrhaftes, was nicht erst lange gekaut werden muss, eignet sich am besten. Ein ein Stückchen Käse oder gekochtes Hühnerfleisch sind weich genug und viel besser als trockener Hundekuchen. Wenn Ihr Hund erst lange kauen muss, vergißt er vielleicht, womit er sich die Belohnung ursprünglich verdient hatte und damit wäre das Ziel der Übung, zumindest für diesmal, verfehlt. Belohnungen dieser Art verführen Ihren Hund nicht dazu, bei Tisch zu betteln! Ein Hund bettelt nur bei Tisch, wenn er auch Essen vom Tisch bekommt. Im Training wird er jede Belohnung durch Futter mit Lob für sein vorangegangenes richtiges Verhalten assoziieren.

Das Training beginnt... am besten mit einer Frage!

Was Sie Ihrem Hund auch beibringen wollen: Sie müssen seine ganze Aufmerksamkeit haben. Am besten gelingt Ihnen das mit einer Frage, beispielsweise „Wollen wir üben?" Im selben Moment gehen Sie zu ihm, geben ihm eine Belohnung und loben ihn: „Guter Hund!" Nach ein oder zwei Minuten wiederholen Sie die Prozedur, gehen aber mit der Belohnung in der Hand auf ihn zu. Kurz bevor Sie ihn erreichen, bleiben Sie stehen, zeigen ihm die Belohnung und stellen die Frage: „Wollen wir üben?" Sobald er die Belohnung in Ihrer Hand entdeckt hat, kommt er Ihnen vermutlich das letzte Stück entgegen – Sie geben ihm seine Belohnung mit einem dicken Lob.

Sicherheit zuerst

Auch wenn es manchmal so scheint, als hätte Ihr Hund nichts Wichtigeres im Sinn als zu fressen, zu schlafen und Ihre Möbel anzuknabbern, denkt er vor allem an seine Sicherheit. Unsere Begleiter sind die Nachkommen domestizierter Wölfe. Sie haben immer noch das gleiche Rudelverhalten wie ihre frei lebenden Ahnen vor tausenden von Jahren. Ihr Hund möchte sich sicher fühlen, indem er weiß, dass dem Rudel ein starker Rudelführer voransteht. Sie müssen Ihrem Welpen schon sehr früh beweisen, dass Sie dieser Rolle gewachsen sind. Wenn Sie das schaffen, wird Ihnen Ihr Hund auch vertrauen, Ihren Kommandos folgen, ohne sie in Frage zu stellen, und sich sicher sein, dass ihm in Ihrer Gegenwart kein Leid zugefügt wird.

Beim drittenmal stellen Sie die Frage mit dem Leckerchen sichtbar in der Hand und gehen nur ein, zwei Schritte in seine Richtung, so dass er fast den ganzen Weg zurücklegen muss, um es zu bekommen. Loben Sie ihn!

Spätestens jetzt wird ihm aufgehen, dass es sich besonders für ihn auszahlt, auf Sie zu hören, wenn die besagte Frage gestellt wird. Er hat gelernt, dass die Frage „Wollen wir üben?" Spaß und Leckerbissen bedeutet.

Hunde verstehen natürlich nicht die Worte, die Sie sagen; sie erkennen nur den Klang der Frage und den Laut der Worte. Diese Lautfolge erkennt er als Signal. Damit ist die Beziehung zwischen Ihnen aufgebaut, die für ihn schließlich durch Leckerchen und viel Lob noch an Wert gewinnt.

Die Grundkommandos

„Sitz!"

Wenn Sie die Aufmerksamkeit Ihres Hundes geweckt haben, nehmen Sie seine Leine in die linke und seine Belohnung in die rechte Hand. Halten Sie ihm das Leckerchen direkt vor die Nase und las-

„Nein" bleibt „Nein"

Hunde verstehen die menschliche Sprache nicht. Sie sind jedoch in der Lage, Worte an ihrem unterschiedlichen Klang und Tonfall zu unterscheiden. Deshalb ist bei der Erziehung nicht nur das Wort, sondern auch die Betonung wichtig. Wenn Sie das „Nein" in einem sanften und freundlichen Ton aussprechen, erhält es eine völlig andere Bedeutung, als wenn Sie es in einem strengen Ton und mit erhobener Stimme sagen. Bei einem Tadel sollten Sie das „Nein" stets ohne den Namen des Hundes verwenden.

Ein gut trainierter Belgischer Schäferhund will seinem Halter vor allem gefallen. Diese Hunde sind sehr intelligent und müssen nur selten korrigiert oder zurecht gewiesen werden.

Die Goldene Regel

Die Goldene Regel der Hundeerziehung ist einfach: Auf jedes Kommando gibt es nur eine richtige Reaktion. Ein Befehl gleich eine Reaktion. Ein Befehl wird solange geübt, bis der Hund ohne zu zögern in der gewünschten Form darauf reagiert. Wiederholen Sie die Übung so oft wie notwendig, ohne dabei aber monoton zu werden. Hunde langweilen sich genauso schnell wie Menschen.

Zweifellos müssen Sie Ihren Hund erziehen. Das einfache Kommando „Sitz" ist der Inhalt der ersten Trainingsstunden.

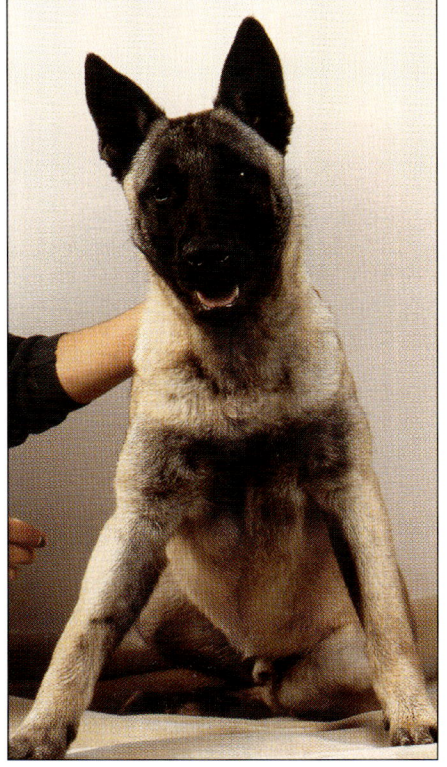

ger Wiederholung kann Ihr Belgischen Schäferhund das „Sitz!" Wenn Ihr Hund ein neues Kommando sicher beherrscht, können Sie langsam die Futterbelohnungen reduzieren – schließlich können Sie nicht immer und überall entsprechende Vorräte in der Tasche haben. Ihre Stimme ist dagegen immer bereit, und mit überschwenglichem Lob als schönster Belohnung dürfen Sie ohnehin sein ganzes Leben nicht sparsam sein.

„Platz!"

Dem Hund „Platz!" beizubringen ist einfach, wenn Sie sich klarmachen, wie der Hund die „Platz"-Position erreicht und wie er sie empfindet. Wenn Sie ihm das „Platz" auf die falsche Art beibringen, kann er eine solche Angst vor diesem Befehl entwickeln, dass er entweder Reißaus nimmt oder versucht denjenigen zu beißen, der ihn mit Gewalt auf den Boden zwingen will. Die „Platz"-Position wird Ihr Hund nur dann freiwillig und gerne einnehmen, wenn er sich absolut sicher und entspannt fühlt. Es ist eine sehr unsichere Position für ihn, denn sie erlaubt ihm keine schnelle Flucht aus einer Gefahr. So wird er sich auch gegen das Kommando sträuben, wenn er die Situation als eine Bedrohung empfindet. Lassen Sie den Hund dicht neben Ihrem linken Bein sitzen, wobei er in dieselbe Richtung schaut wie Sie. Halten Sie seine Leine in der linken Hand und ein Leckerchen in der rechten. Legen Sie Ihre linke Hand genau auf den Widerrist Ihres Hundes (das ist die Stelle, an der sich die Spitzen der Schulterblätter an der Wirbelsäule treffen). Üben Sie keinerlei Druck aus; lassen Sie Ihre Hand einfach liegen,

sen Sie ihn daran lecken, aber geben Sie es ihm noch nicht. Befehlen Sie ihm „Sitz!" und führen Sie die rechte Hand (mit dem Futter) über seinen Kopf, so dass er nach oben schauen muss, wenn er ihr mit den Augen folgen will. Um in dieser Situation sein Gleichgewicht nicht zu verlieren, muss er die Knie beugen und nimmt so die Sitz-Stellung ein! Genau in diesem Moment müssen Sie ihm seine Belohnung geben und ihn überschwenglich loben. Ihre Begeisterung muss wirklich offenkundig sein; sie ist ein Genuss für Ihren Hund und macht ihn stolz auf sich selbst. Bei regelmäßi-

nur um ihn dicht neben sich zu halten, wenn er sich hinlegt. Halten Sie Ihre „Futterhand" vor seine Nase und sagen ganz leise „Platz" zu ihm, während sich Ihre Hand langsam bis zu seinen Vorderpfoten hinunterbewegt. Wenn Ihre Hand auf dem Boden angekommen ist, bewegen Sie sie langsam vom Hund weg. Sprechen Sie während der ganzen Übung leise und sanft mit ihm, damit er ruhig bleibt, während er Ihrer Hand langsam mit der Nase folgt, um die Belohnung zu ergattern. Auf diese Weise geht er vorn immer weiter hinunter, und wenn schließlich seine Ellenbogen den Boden berühren, geben Sie ihm seinen Leckerbissen und loben ihn sanft. Versuchen Sie, ihn dazu zu bringen, diese Position einige Sekunden lang beizubehalten, bevor er sich wieder aufsetzt. Das Ziel dieser Übung ist, den Hund so weit zu beruhigen, dass er sich entspannt hinlegt, ohne sich in dieser Position bedroht zu fühlen.

„Bleib!"

Es ist recht leicht, dem Hund beizubringen, in der „Sitz"- oder „Platz"-Position zu verharren. Natürlich benutzen wir auch hierbei Futter und Lob, um ihm klar zu machen, was wir von ihm erwarten. Um ihm „Sitz und bleib!" beizubringen, lassen Sie ihn zunächst wieder an Ihrer linken Seite sitzen; die Leine befindet

---

Wussten Sie schon?

Ein instinktsicherer Hund legt sich in einer Gefahrensituation nie hin. Er bleibt auf seinen Zehenspitzen stehen, damit er zur Flucht oder Verteidigung bereit ist. Deswegen macht kein Hund in der Ausbildung freiwillig „Platz", wenn er sich bedroht fühlt oder verängstigt ist. Aus diesem Grund ist es besonders bei dieser Übung wichtig, den Hund ruhig und entspannt zu halten.

Das „Komm"-Kommamdo können Siie Ihrem Hund leicht beibringen, wenn Sie es zu einem Spiel umgestalten, bei dem der Hund für sein Kommen belohnt wird.

Seien Sie offen

Hunde unterscheiden sich voneinander ebenso stark wie Menschen. Was bei einem Hund Erfolg hat, muss nicht bei jedem erfolgreich sein. Seien Sie aufgeschlossen, testen sie verschiedene Trainingsmethoden.

---

sich wieder in Ihrer linken Hand, die rechte hält das Futter – und zwar dicht vor seiner Nase. Befehlen Sie ihm „Bleib!" und machen Sie lediglich einen Schritt vor ihn (Sie stehen jetzt Fuß an Pfote mit ihm), während er an seinem Leckerchen leckt. Achten Sie darauf, dieses so zu hal-

Angst und Aggression

Welpen, die mit körperlicher Gewalt erzogen werden, sind als erwachsene Hunde oft verhaltensauffällig. Ein häufiges Problem ist Angst, die in Aggression endet. Der Hund wird wütend, fletscht seine Zähne, knurrt und beißt schließlich denjenigen, von dem er sich bedroht fühlt. Sehen wir uns folgendes Beispiel an: Angenommen Ihre Tochter spielt eines Nachmittags mit dem Hund. Während sie ganz unbekümmert spielen, drängt sie den Hund in eine Ecke. Als sie nun noch versucht ihn zu streicheln, und ihre Hand nach ihm ausstreckt, beißt er in ihre Hand. Hat Ihre Tochter den Hund jemals zuvor geschlagen? Hat jemand, der Ihrer Tochter ähnlich sieht, jemals den Hund angeschrien oder geschlagen? Wahrscheinlich nicht. Ihr Hund hat sich nur bedrängt gefühlt und aus Angst gebissen. Glücklicherweise ist diese Art der Aggression recht leicht zu korrigieren. Bringen Sie Ihre Tochter nur in angenehmen Momenten mit dem Hund zusammen. Lassen Sie Ihre Tochter den Hund füttern oder streicheln. Sie sollte den Hund nicht kommandieren oder bestrafen. Falls der Hund sie immer noch anknurrt oder sich abduckt, sollte jemand anderes die beiden begleiten. Im Laufe einer Woche sollte der Hund so viele gute Erfahrungen mit Ihrer Tochter gemacht haben, dass er Vertrauen zu ihr fasst.

ten, dass er seine Sitzhaltung beibehält. Zählen Sie bis fünf und bewegen sich unter denselben Bedingungen zu Ihrer Ausgangsposition zurück. Sobald Sie zurück an Ihrem Platz sind, geben Sie Ihrem – nun wieder neben Ihnen sitzenden – Hund seine Belohnung und loben ihn in den höchsten Tönen.

„Platz und bleib!" lernt er auf ähnliche Weise: Lassen Sie Ihren Hund „Platz" machen. Sobald er sich hingelegt hat, befehlen Sie „Bleib!" und begeben sich wie bei „Sitz und bleib!" mit einem Schritt vor ihn und – nachdem Sie bis fünf gezählt haben – wieder zurück in Ihre Ausgangsstellung (auch wenn's schwer fällt, da Sie sich ja fast bis zum Boden hinunterbeugen müssen!). Belohnen und loben Sie ihn ausgiebig, wenn er an seinem Platz geblieben ist!

Nach etwa einer Woche können Sie damit beginnen, sich nach und nach etwas von ihm zu entfernen, wenn er sitzen- oder liegenbleibt. Zeigen Sie ihm durch Ihre erhobene flache Hand, dass er „Bleiben" soll. Natürlich befindet sich sein Leckerbissen nicht mehr direkt vor seiner Nase; er wird Ihre Hand aber aufmerksam beobachten und recht schnell begreifen, dass er sein Futter bekommt, sobald Sie wieder an seine Seite zurückgekehrt sind. Wenn Sie schließlich eine halbe Minute lang einen Meter entfernt von Ihrem Hund stehen können, ohne dass er Ihnen folgt, ist schon viel erreicht. Steigern Sie die Zeitspanne und die Distanz zu Ihrem Hund stetig, bis Sie letztendlich sicher sein können, dass er in der „Bleib"-Position ausharrt, bis Sie zu ihm zurückkehren oder ihn rufen. Dann ist natürlich ein besonders dickes Lob fällig!

„Komm!"

Wenn Sie es schaffen, dass Ihr Hund das „Komm"-Training als großen Spaß erfährt, werden Sie nie das Problem haben, dass er auf Zuruf nicht kommt. Es muss auf ihn wirken, als brächten Sie ihm ein neues Spiel bei und nicht ein neues Kommando. Sie kennen das: Gerade in den Situationen, in denen Ihr Hund umgehend und schnellstens zu Ihnen kommen soll – läuft er in die andere Richtung! Was ist der Grund? Nun, in solchen Momenten, sind Sie vermutlich voller Sorge und Aufregung, und das beeinflusst Ihren Tonfall mit jedem vergeblichen „Komm!" stärker. Ihr Hund erkennt deutlich den Stress und die Verzweiflung in Ihrer Stimme, bekommt Angst vor dem, was ihn erwarten könnte – und gehorcht nicht. Dies können Sie vermeiden, indem Sie ihm ein Spiel beibringen, das Sie einfach jedesmal mit ihm spielen, wenn er zu Ihnen kommen soll. So kann praktisch nichts mehr schiefgehen!

Am besten ist es, dieses Spiel im Haus oder einem eingezäunten Gebiet – zum Beispiel im Garten – zu üben. Und Ihre ganze Familie macht mit! Jeder verschwindet mit ein paar Leckerchen in einem anderen Raum (natürlich bleiben alle Türen offen) oder sie verteilen sich auf dem Gelände. Einer nach dem ande-

Komm! ... lieber nicht

Rufen Sie Ihren Hund niemals mit dem Kommando „Komm", wenn Sie ihn bestrafen wollen. Das ist der schnellste Weg, aus dem erlernten „Komm"-Kommando ein „Lauf schnell weg" zu machen. Der Hund wird die erfolgte Bestrafung mit dem Befehl „Komm" in Verbindung bringen, nicht mit seiner begangenen Missetat.

ren ruft nun den Hund. Wenn dieser den Rufenden gefunden hat, erhält er von ihm mit großem Hallo seine Belohnung und jede Menge Lob. So geht es wie beim Versteckspiel reihum, und Ihr Hund lernt: Wenn Sie ihn rufen, muss er Sie finden und wird dafür noch reich belohnt! Nach wenigen Malen wird er dieses Versteckspiel herrlich finden. Der simple Ruf „Wo bist Du?" oder „Komm her!" (oder was immer Sie beim Spiel mit ihm rufen) wird ihn schließlich dazu bringen, von überall begeistert angerannt zu kommen – in der freudigen Erwartung, Sie zu „finden" und mit einem Leckerbissen und Ihrem Lob dafür belohnt zu werden.

Das „Bleib" können Sie Ihrem Hund relativ einfach beibringen. Kombinieren Sie das „Bleib" mit dem „Sitz" oder „Platz".

„Komm!"

Auch wenn Sie Ihren Hund rufen, verwenden Sie immer das gleiche Kommando. Solange sich Ihr Hund auf der Suche nach Ihnen befindet, können Sie im lockenden Ton mit ihm sprechen. Wiederholen Sie das Kommando, so dass sich der Hund an den Klang dieses Befehls gewöhnt und ihn auch in Zukunft befolgt. Kurze, ein- oder zweisilbige Kommandos lernt Ihr Hund schneller als lange.

Der Befehl „Komm!" gehört zu den wichtigsten Dingen, die Ihr Hund lernen muss. Interessanterweise gibt es Trainer, die ihren Schützlingen „Komm!" beibringen, ohne jemals wirklich dieses Kommando zu benutzen. Trotzdem gehorchen auch diese Hunde, wenn Sie durch die einfache Frage „Wo bist Du?" oder einfach ihrem Namen gerufen werden. Natürlich haben Kinder besonders großen Spaß an diesem Spiel, und das sollten Sie fördern. Kinder können sich in viel kleinere, raffiniertere Verstecke zwängen als Sie, und das macht die Angelegenheit für den Hund natürlich noch interessanter. Um so mehr freut er sich, wenn er seinen kleinen Freund gefunden hat und diesen Erfolg durch eine Belohnung und vielleicht eine fröhliches Spiel mit ihm feiern kann!

„Fuß!"

„Fuß" geht Ihr Hund, wenn er, ohne an seiner Leine zu ziehen – später sogar ganz ohne Leine –, dicht neben Ihnen herläuft. Es wird einige Zeit und viel Geduld von Ihnen erfordern, bis Ihr Hund

gelernt hat, dass Sie keinen einzigen Schritt vorwärts machen werden, solange er nicht gesittet neben Ihnen herläuft. Heftiges Ziehen an der Leine ist ein unakzeptables Verhalten!

Zum Üben nehmen Sie die Leine in Ihre linke Hand, während der Hund an Ihrer linken Seite sitzt. Halten Sie die Schlaufe der Leine mit Ihrer rechten Hand fest, damit Sie ihn links an kurzer Leine neben sich halten können.

Befehlen Sie „Fuß!", und machen Sie mit dem linken Fuß einen Schritt nach vorn. Halten Sie den Hund dicht neben sich und machen Sie drei weitere Schritte. Bleiben Sie stehen und befehlen Sie Ihrem Hund, sich links dicht neben Sie zu setzen. Loben Sie ihn, ohne ihn dabei zu berühren. Warten Sie einen Moment und wiederholen das Ganze: Kommando „Fuß!", drei Schritte und mit dem Befehl „Sitz!" anhalten. Ziel dieser Übung ist es, dass Ihr Hund diese drei Schritte mit Ihnen geht, ohne dabei auch nur einmal an der Leine zu ziehen. Wenn er das bei drei Schritten schafft, versuchen Sie es mit fünf. Wenn er auch diese fünf ruhig neben Ihnen herläuft, können Sie auf zehn erhöhen und so weiter. Schließlich werden Sie mit viel Geduld erreichen, dass er „Fuß" geht, wann und wie lange auch immer Sie es wollen.

Wussten Sie schon?

Während Sie Ihren Hund trainieren, werden Sie auch von ihm erzogen. Er „testet" verschiedene Verhaltensweisen und wiederholt natürlich, was letztendlich zum Erfolg geführt hat.

Übrigens sollten Sie ihm auch deutlich zeigen, wann die Übung beendet ist. Loben Sie ihn, streicheln Sie ihn, sagen Sie ihm, dass er ein „Guter Hund!" ist. Wenn Sie auch hier stets das gleiche Wort verwenden, assoziiert er es sehr bald mit dem Ende der Übung. Nun kann er sich entspannen.

Wenn Sie einen Hund haben, der partout nicht aufhört, an seiner Leine zu zerren, steigen Sie einfach auf die Bremse. Rühren Sie sich nicht von der Stelle, bis Ihrem Belgischen Schäferhund die plötzliche Erleuchtung kommt, dass Sie keinen einzigen Schritt mit ihm gehen, bis er an Ihrer Seite ist und sich Ihrem Tempo anpasst. Es kann durchaus einige Zeit dauern, bis Sie ihm so zu ver-

stehen gegeben haben, dass Sie der Boss sind und Richtung und Tempo Ihres Spaziergangs bestimmen. Behalten Sie den längeren Atem!

Jedesmal, wenn Ihr Hund zu Ihnen aufschaut und vielleicht sogar seinen Schritt verlangsamt, damit die Leine zwischen Ihnen beiden nicht gespannt ist, loben Sie ihn in ruhigem Ton „Schön Fuß! Guter Hund!" Irgendwann fängt er an, darauf einzugehen, und nach einigen Tagen läuft er gesittet neben Ihnen her, ohne an der Leine zu ziehen. Halten Sie die Trainingseinheiten zu Beginn kurz und möglichst positiv; recht bald werden Sie die

Wenn Ihr Belgischer Schäferhund erst einmal alle Grundkommandos beherrscht, wird er sie sein Leben lang nicht vergessen, wenn Sie sie regelmäßig gebrauchen.

Belgischer Schäferhund

Das „Fuß"-Kommando bringen Sie Ihrem Hund bei, damit er – ohne an der Leine zu ziehen – neben Ihnen läuft.

Lust auf Seilziehen?
Wenn Sie das „Fuß"-Training mit langen Spaziergängen beginnen und Ihrem Hund erlauben, ständig an der Leine zu ziehen, wird er dies als normal ansehen. Wenn Sie ständig an der Leine ziehen, um ihn zu korrigieren, wird er das als Ansporn nehmen, um noch kräftiger dagegenzuhalten.

Seien Sie sich der ungeteilten Aufmerksamkeit Ihres Hundes sicher, bevor Sie mit dem Training beginnen.

Strecken verlängern können. Vergessen Sie aber nie, dass Ihr Hund spielen und toben muss, wenn die „Fuß"-Übung beendet ist – diese Freiheit ist als Ausgleich nun dringend nötig!

Training ohne Leckerbissen
Futter als Belohnung ist nicht zu ersetzen, wenn Sie Ihrem Hund ein bestimmtes Verhalten beibringen wollen. Hat er jedoch erst einmal verstanden, was Sie mit einem bestimmten Befehl von ihm verlangen, ist es an der Zeit, ihm die ständigen Leckerbissen abzugewöhnen. Zunächst belohnen Sie ihn natürlich nach jeder erfolgreich durchgeführten Übung mit Futter. Irgendwann sollten Sie aber damit beginnen, ihm diese Belohnung nur noch manchmal zu geben. Überschwengliches Lob muss selbstverständlich jedesmal sein! Wech-

seln Sie mit der Zeit einfach wahllos die Art der Belohnung. Mal erhält er beides, mal nur ein dickes Lob. Wichtig ist, dass er vorher nie einschätzen kann, welche Belohnung ihn erwartet – Futter und

Das „Fuß"-Kommando ist auf Ausstellungen sehr wichtig, wenn der Hund dem Richter seine korrekte Gangart zeigen soll.

Trainings-Tipp
Wenn Sie mit Ihrem Hund an der Leine herumlaufen und er plötzlich vor Ihnen stehen bleibt und Ihnen in die Augen sieht, reagieren Sie gar nicht darauf, sondern laufen einfach weiter.

Lob oder „nur" Lob. Dieses unberechenbare System erweist sich als höchst erfolgreich, da er ja immer zumindest die Hoffnung haben darf, einen Leckerbissen zu ergattern – er wird nicht aufgeben, damit er irgendwann diese Belohnung doch wieder erhält.

Erziehungskurse

Will man seinen Hund nicht allein erziehen, ist es keine schlechte Idee, einen Erziehungskurs unter professioneller Anleitung zu besuchen. An immer mehr Orten werden von Hundevereinen solche Kurse angeboten, die auch als Vorbereitung auf anerkannte Ausbildungslehrgänge unerläßlich sind. Fast alle Kurse basieren auf den in den vorangegangenen Kapiteln erläuterten Grundanforderungen. Bei uns ist die Begleithundprüfung („BH")das am meisten verbreitete Grundausbildungskennzeichen, während die sogenannten „Obedience-Classes" (Gehorsamskurse), die in den USA überaus beliebt sind und fast überall angeboten werden – es finden sogar Obedience-Wettkämpfe mit verschiedenen Schwierigkeitsgraden statt – in Europa noch recht selten sind.

Obedience für Anfänger beinhaltet die Grundübungen wie Sitz, Platz, Bei Fuß usw., bei den Wettbewerben für Fortgeschrittene müssen die Hunde springen, apportieren Fährtensuchen und aus der Ferne durch Handzeichen dirigiert werden. Eine echte Herausforderung für Hund und Führer!

Andere Aktivitäten

Ob Sie Ihren Hund in eine Hundeschule bringen oder ihn allein erziehen – es gibt viele Aktivitäten, in denen Sie das Erlernte zu Ihrer beider Vergnügen ausprobieren können. Natürlich ist es schon eine Genugtuung für alle Beteiligten, wenn Ihr Hund Ihnen in Haus, Hof und Garten von Nutzen sein kann; dies erleichtert Ihr Leben und steigert seinen Wert als geschätztes Familienmitglied. Zudem werden seine geistigen Fähigkeiten ausgeschöpft, und er kann seine Energien ausleben (besonders wichtig für einen Belgischen Schäferhund).

Gönnen Sie sich und ihm doch dazu noch Spaß und Vergnügen in Ihrer Freizeit! Sie können auf Ihren gemeinsamen Wanderungen neue Spiele erfinden – zum Beispiel das Balancieren auf Baumstämmen, das Hinüberspringen, das Klettern – Ihrer Phantasie sind keine Grenzen gesetzt. Solche Aktivitäten lassen die Beziehung zu Ihrem Hund immer enger werden und sind außerdem für beide Seiten gesund.
Sie können mit Ihrem Belgischen Schäferhund aber auch an organisiertem Hundesport teilnehmen, und hier gibt es auch diverse Möglichkeiten.

Hundeausstellungen
Wenn Sie sich für Ausstellungen interessieren, sollten Sie sich zunächst über die Abläufe im Vorfeld der Veranstaltung und im Ausstellungsring informieren. Werden Sie Mitglied in einem Belgische Schäferhunde betreuenden VDH-Verein und schließen Sie sich einer lokalen Untergruppe in Ihrer Nähe an. Dort treffen Sie vermutlich erfahrene Ausstellungshasen, die Ihnen erste Anleitung geben. Übrigens ist die Bezeichnung „Zuchtschau" viel treffender als das Wort „Ausstellung", denn hier zeigen die Züchter ihre „Zuchtprodukte" und erhalten mit der Beurteilung ihres Hundes wertvolle Hinweise auf dessen „Zuchtwert".
Machen Sie mit Ihrem Hund auf jeden Fall Ringtraining, bevor Sie sich in das Getümmel stürzen! Es gibt bestimmte Abläufe im Ring, die Sie und natürlich Ihr Hund kennen sollten. Eine gute Möglichkeit, Ausstellungsluft zu schnuppern, ist der Besuch zunächst

nur als Zuschauer. Stellen Sie sich an einen Ring und studieren Sie, was dort vor sich geht. Zunächst wird der Richter die Hunde einzeln im Vergleich mit dem Rassestandard beurteilen, dann werden die Hunde in einer bestimmten Reihenfolge plaziert. Nachdem dies in allen zur Verfügung stehenden Klas-

sen erst für Rüden, dann für die Hündinnen, geschehen ist, wird unter den Klassensiegern der Beste ermittelt. Die jeweils besten Hunde ihrer Rasse konkurrieren später um den Besten Hund ihrer Rassegruppe, und aus diesen wird zum Schluß der Beste Hund der gesamten Zuchtschau ausgewählt. Um sich hierüber im Detail zu informieren, empfiehlt sich das gründliche Studium der Zuchtschau-Ordnungen des Rasseklubs und des VDH – möglichst unter Mithilfe von erfahrenen Ausstellern.
Manche Ortsgruppen veranstalten selbst kleinere Ausstellungen oft auf

Agility-Wettbewerbe sind ein ausgezeichneter Ausgleich für athletische Hunde. Belgische Schäferhunde nehmen sehr erfolgreich an diesen Wettbewerben teil.

Belgischer Schäferhund

Belgische Schäferhunde sind von Natur aus sehr aktiv und gut koordiniert – ein großer Vorteil auch bei schwierigen Agility-Wettbewerben.

Erziehungskurse

Die Ausbildung in einem Grundkurs dauert gewöhnlich sechs bis acht Wochen. Hund und Halter nehmen einmal wöchentlich an einem einstündigen Unterricht teil. Die dort erlernten Lektionen werden mehrmals täglich für jeweils einige Minuten zu Hause wiederholt. Mit etwas Geduld und Einsatz führt dies zu einem wohlerzogenen Hund und einem stolzen Halter, der das Leben mit seinem gehorsamen und treuen Hund genießt.

Agility

Agility ist für Hund und Führer ein Riesenspaß, bei dem die Hunde einen Hindernisparcours mit verschiedenen Sprüngen, Tunnels, Balancierübungen und anderen Disziplinen durchlaufen müssen, der hohe Ansprüche an die Schnelligkeit und die Koordinationsfähigkeit des Hundes stellt und auch dem Führer einiges abverlangt, der mit seinem Hund den Parcours durchquert und ihm die Kommandos gibt.

eigenem Übungsplatz, die überschaubar sind und in eher streßfreier Atmosphäre stattfinden – und somit für Anfänger ideal sind. Meiden Sie im Interesse Ihres Hundes die großen Internationalen Ausstellungen, die zudem meistens in einer Halle stattfinden. An das dort in der Regel herrschende Gedränge und an die bemerkenswerte Geräuschkulisse muß sich Ihr Hund erst langsam gewöhnen. Wenn Ihr Hund kleinere Mängel hat und Ausstellungserfolge ausbleiben, wenden Sie sich anderen Sportarten zu!

Erfolgreiches Training

Wenn Sie Ihren Hund erfolgreich trainieren wollen, müssen Sie sich selbst an die folgenden Regeln halten:

1. Entwickeln Sie ein Verständnis dafür, wie Ihr Hund denkt.
2. Machen Sie Ihren Hund nicht für eine mangelnde Kommunikation verantwortlich.
3. Lernen Sie die Persönlichkeit Ihres Hundes kennen und handeln Sie danach.
4. Zeigen Sie Geduld und Konsequenz.

124

Schutzhund

Da der Belgische Schäferhund zu den Rassen gehört, die für die Schutzhundprüfung zugelassen sind, stellt sich früher oder später die Frage, ob Ihr Hund diese Ausbildung machen sollte. Die Schutzhundausbildung besteht aus den Bereichen Fährte, Unterordnung und Schutzdienst, das Training (immer unter fachkundiger Anleitung) ist sehr intensiv und muß regelmäßig wiederholt werden. Sie läuft je nach Alter des Hundes und Schwierigkeitsgrad in drei Stufen ab: SchH I, II und III. Nach bestandener Prüfung darf Ihr Hund das errungene Ausbildungskennzeichen offiziell tragen.

Für den Familienhund ist das Schutzhundtraining eher eine Freizeitbeschäftigung, dem Züchter gibt es wertvolle Auskünfte darüber, ob seine Hunde noch die vom Standard geforderte Gebrauchstüchtigkeit besitzen.

Leistungshüten

Wie bereits mehrfach betont, sind dem Belgischen Schäferhund seine Hüteinstinkte angeboren. Für diejenigen Hunde, die heute noch als Schäferhunde

im ursprünglichen Wortsinn arbeiten, gibt es das Herdengebrauchshund-Ausbildungskennzeichen. Sogar Meisterschaften im Leistungshüten werden durchgeführt.

Wenn Sie also wissen möchten, ob Ihr Hund wirklich noch echte Schäferhund-Qualitäten hat, machen Sie mit ihm die Ausbildung zum Herdengebrauchshund. Wettbewerbe im Leistungshüten haben existiert, seit Hunde von den Schäfern und Hirten als Helfer gehalten wurden. Heutzutage werden hierzu Schafherden, seltener Rinderherden benutzt.

Die Schäfer verwenden ausschließlich eine Pfeife, ihre Stimme und ihren Schäferstab, um ihre Hunde – auch über weite Entfernungen – zu dirigieren. Dies geht natürlich nur mit Hunden, die wirklich noch ganz stark die Veranlagung zum Hüten zeigen, die ihre Arbeit also selbständig und aus freien Stücken und vor allem gern verrichten.

Belgische Schäferhunde eignen sich auch hervorragend zur Ausbildung als Schutzhund. Der Ausbilder in seinem bissfesten Anzug fordert den Hund heraus, seinen Mut und seine Kraft zu zeigen.

Hundeschulen

Vielleicht ist es Ihr best angelegtes Geld und die best angelegte Zeit in Ihrem Leben, wenn Sie mit Ihrem Hund eine Hundeschule besuchen. Die Vorteile eines gut erzogenen Hundes können Sie sein ganzes Leben lang genießen und Sie treffen zudem gleichgesinnte Menschen und vielleicht neue Freunde.

Oberschenkel

Rute

Unterschenkel

Sprung-
gelenk

Kruppe

Hüfte

Knie

Rücken

Hinterpfote

Widerrist

Bauch

Nacken

Rippen

Ohr

Hinterhauptbein

Auge

Stop

Nase

Lefzen

Fang

Vorderbrust

Brustkorb

Vorderlauf

Vorderfußgelenk

Der Körperbau des Belgischen Schäferhundes

Die Gesundheit Ihres Belgischen Schäferhundes

Hunde gehören, ebenso wie wir Menschen, zu den Säugetieren und können viele der Krankheiten bekommen, die auch Menschen befallen, sogar psychische Erkrankungen. Da die meisten von uns mehr über Krankheiten des Menschen wissen als über die des Hundes, stammen einige der in diesem Kapitel gebrauchten Bezeichnungen eher aus der Humanmedizin als aus dem Sprachgebrauch der Tiermediziner – einfach um diesen Abschnitt allgemeinverständlicher zu machen. Als Beispiel sei der Begriff „Symptom" genannt, der im engeren Sinne die Beschreibung der Empfindungen des Patienten mit Worten bedeutet. Bekanntermaßen können Hunde nicht sprechen; deshalb müssten wir streng genommen von „klinischen Anzeichen" sprechen. Trotzdem bleiben wir bei den „Symptomen", weil jeder weiß, was gemeint ist.

Im Allgemeinen sagt man: Medizin wird praktiziert. Dies ist unstrittig. Medizin ist eine Kunst, die ständigem Wandel unterworfen ist. Unser Wissen über die Genetik, über elektronische Hilfsmittel und auch über individuell unterschiedliche Behandlungsmethoden wächst unaufhörlich. Es gibt viele Erkrankungen, die nicht überall gleich behandelt werden, wie zum Beispiel die Hüftgelenksdys-

Ein qualifizierter Tierarzt kann Ihrem Belgischen Schäferhund genau die Gesundheitspflege angedeihen lassen, die er braucht, einschließlich Vorsorgeuntersuchungen und Behandlungsempfehlungen.

plasie, bei der einige Tierärzte viel häufiger operieren als andere.

Die Wahl des Tierarztes

Für Ihren Tierarzt sollten Sie sich nicht nur entscheiden, weil er ein sympathischer Mensch ist; wesentlich wichtiger sind seine Erreichbarkeit und sein Fachwissen. Rechnen Sie immer damit, dass ein Notfall eintritt oder dass Ihr Hund aufgrund einer längerwierigen Erkrankung dem Tierarzt häufiger vorgestellt werden muss. Auch sollten seine Sprechzeiten patientenfreundlich und Termine nach Absprache möglich sein. Es gibt kaum etwas Frustrierenderes, als einen ganzen Tag lang auf einen Termin oder den Besuch des Tierarzts warten zu müssen, falls der Zustand des Hundes drängt. Jeder niedergelassene Tierarzt hat sein Studium mit einem anerkannten Exa-

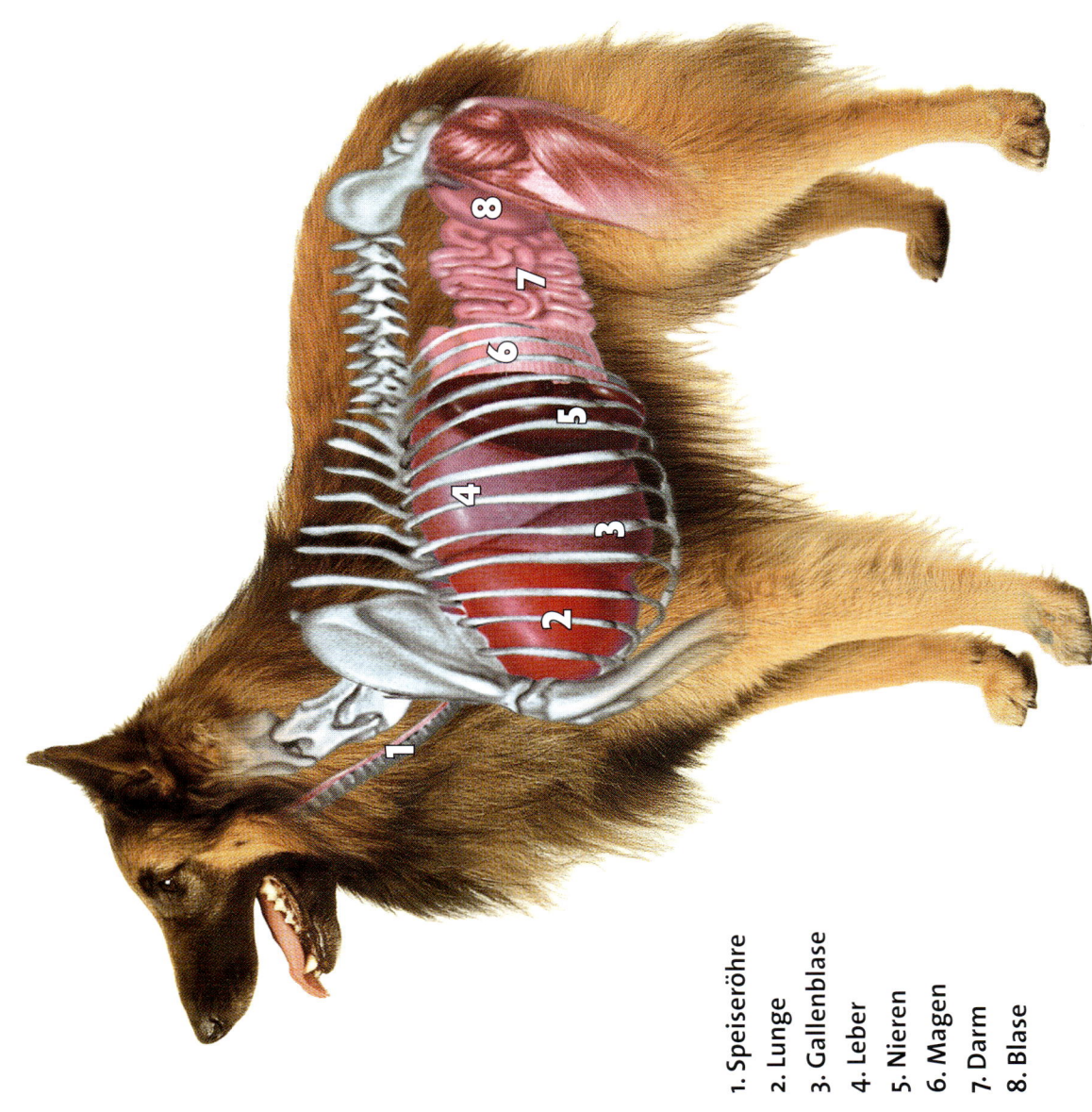

1. Speiseröhre
2. Lunge
3. Gallenblase
4. Leber
5. Nieren
6. Magen
7. Darm
8. Blase

Die inneren Organe des Belgischen Schäferhundes

men abgeschlossen und erfüllt die Voraussetzungen zum Führen einer eigenen Praxis. Viele von ihnen haben sich zudem durch Aufbaustudien oder Lehrgänge auf bestimmte Bereiche spezialisiert; so gibt es auch unter den Veterinären Fachärzte für Herzerkrankungen (vet. Kardiologen), Hauterkrankungen (vet. Dermatologen), Zahn- und Kiefererkrankungen (vet. Dentisten), Augenerkrankungen (vet. Ophthalmologen), Röntgendiagnose (Radiologen) und solche, die sich besonders mit Knochen-, Muskel- oder Organkrankheiten befassen. Alle Tierärzte sollten die häufig erforderlichen Routinebehandlungen wie zum Beispiel Kastrationen, Versorgung von Wunden und selbstverständlich Impfungen durchführen; wenn Ihr Hund jedoch ernsthaft erkrankt, ist es Ihr gutes Recht, zusätzlich einen Spezialisten zu Rate zu ziehen. Vielleicht stellen Sie bei der Gelegenheit ja auch Unterschiede bei der Höhe des Tierarzthonorars fest. Die Leistungen eines Tierarztes, insbesondere wenn es um hochspezialisierte Behandlungen geht, haben ihren Preis. Hier lohnt sich ein Vergleich. Haben Sie keine Hemmungen, die Kosten mit dem Tierarzt zu besprechen, obwohl natürlich die beste Behandlung Ihres Hundes grundsätzlich allerhöchste Priorität haben muss.

Vorbeugen ist besser als heilen

Dies gilt uneingeschränkt auch für Hunde. Es ist in jedem Fall viel einfacher, billiger und auch effektiver, Krankheiten vorzubeugen, als sie zu bekämpfen, wenn sie erst ausgebrochen sind. Und ein nicht unbeträchtlicher Teil dieser

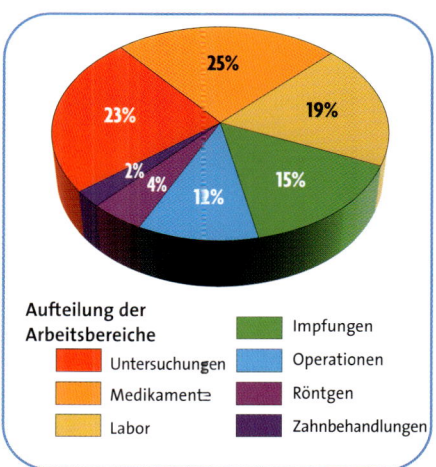

Aufteilung der Arbeitsbereiche

- Untersuchungen
- Medikamente
- Labor
- Impfungen
- Operationen
- Röntgen
- Zahnbehandlungen

Das durchschnittliche Einkommen eines amerikanischen Tierarztes, aufgeschlüsselt nach den erbrachten Leistungen. Befragt wurden Praxen für Kleintiere.

Vorbeugungsmaßnahmen findet bereits beim (verantwortungsvollen) Züchter statt. Sorgfältig gezüchtete Welpen stammen von Elterntieren, die auch und vor allem aufgrund ihrer genetischen Veranlagung für die Zucht ausgewählt worden sind. Zudem müssen die Muttertiere einen vollen Impfschutz haben und frei von inneren und äußeren Parasiten sein; außerdem müssen sie sich natürlich in bestem Ernährungszustand befinden. Eine gesunde Mutterhündin in bester Kondition, die diese Anforderungen erfüllt, überträgt ihre eigene Abwehrkraft gegen Infektionen auf ihre Welpen, die dann acht bis zehn Wochen lang geschützt sind. Auch die Gefahr des Parasitenbefalls der Welpen ist bei einer verantwortungsvollen Zuchtauswahl wesentlich geringer.

Im Idealfall haben Sie vielleicht sogar die Möglichkeit, den Tierarzt Ihres Züchters zu konsultieren, der Mutter und Kinder bisher betreut hat und deshalb schon jetzt viel über Ihren Welpen weiß.

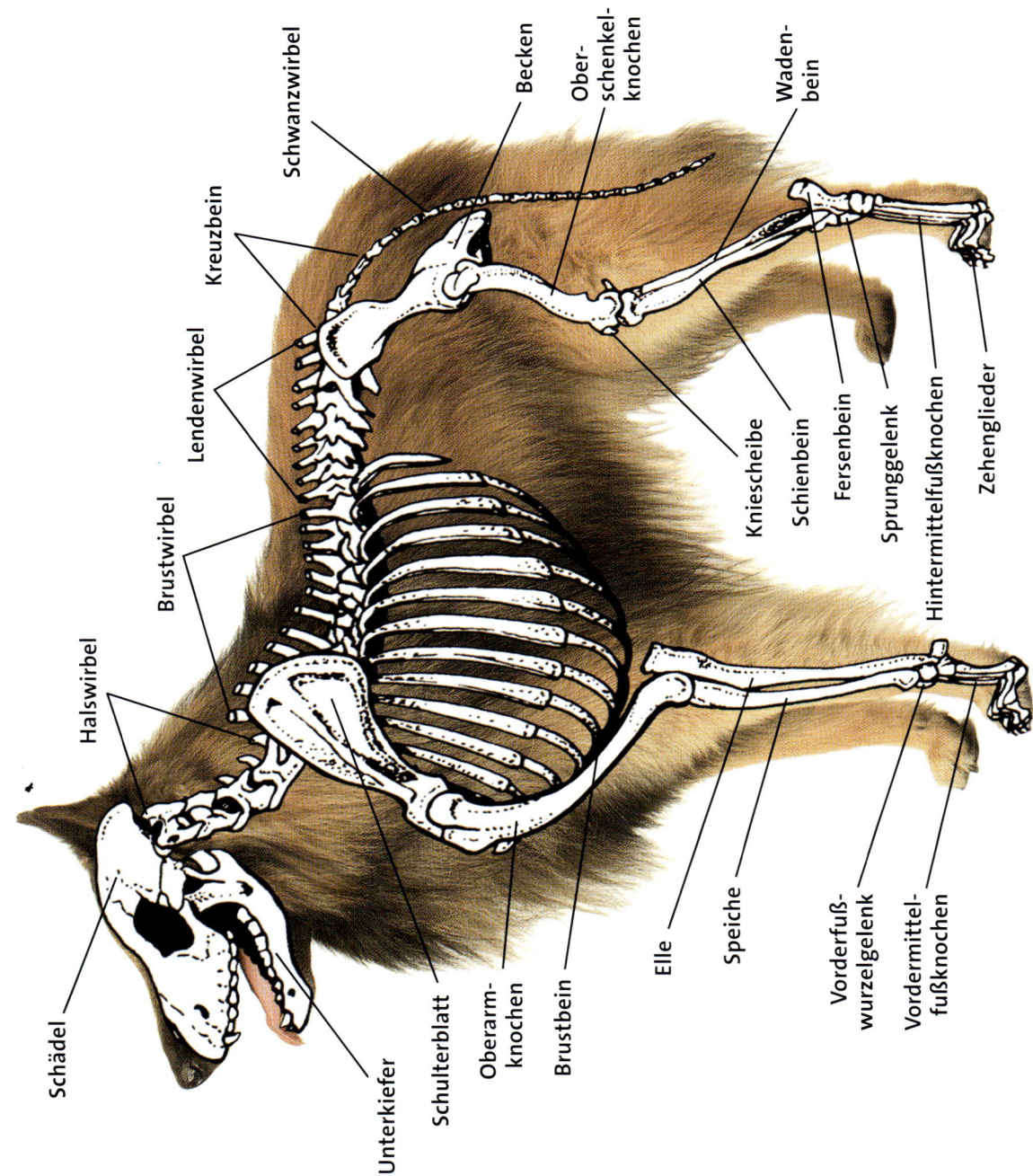

Schwanzwirbel

Becken

Ober-
schenkel-
knochen

Waden-
bein

Kreuzbein

Lendenwirbel

Brustwirbel

Kniescheibe

Schienbein

Fersenbein

Sprunggelenk

Hintermittelfußknochen

Zehenglieder

Halswirbel

Schädel

Unterkiefer

Schulterblatt

Oberarm-
knochen

Brustbein

Elle

Speiche

Vorderfuß-
wurzelgelenk

Vordermittel-
fußknochen

Das Skelett des Belgischen Schäferhundes

Impfplan

Die meisten Impfungen werden mittels einer Injektion verabreicht und dürfen nur durch die Hand eines Tierarztes gespritzt werden. Dieser bescheinigt die verabreichte Impfung unter Angabe des jeweiligen Impfstoffs und des Impfdatums im Impfpass. Die ersten Impfungen werden gewöhnlich in einem Alter von acht Wochen verabreicht und müssen, damit der Hund zuverlässig geschützt ist, mit zwölf bis vierzehn Wochen wiederholt werden. Sie sollten sich in dieser Hinsicht in jedem Fall auf die Empfehlungen Ihres Tierarzts verlassen, denn die Impfabstände können je nach Impfstoff unterschiedlich sein. Die meisten Impfstoffe bewirken eine Immunisierung Ihres Welpen gegen bestimmte Virusinfektionen.

Die üblicherweise verwendeten Impfstoffe sind Kombinationspräparate zum Schutz gegen Staupe, Hepatitis, Leptospirose, Parvovirose und Tollwut. Für gefährdete Welpen sind auch noch andere Impfstoffe verfügbar. Sie sollten sich stets auf den fachmännischen Rat Ihres Arzts verlassen, besonders wenn es um die Auffrischimpfungen geht. Die meisten Impfungen erfordern eine Nachimpfung oder Impfauffrischung, wenn der Welpe ein Jahr alt ist und danach in jährlichen Abständen. In einigen Fällen können die Umstände kürzere Abstände zwischen den Impfungen erfordern. In großen Zwingern besteht gelegentlich die Gefahr des Zwingerhustens, gegen den die Welpen eines solchen Zwingers auch geimpft werden sollten. Besonders wichtig ist die Impfung gegen die gefürchtete, hochinfektiöse Parvovirose. Sprechen Sie mit Ihrem Tierarzt.

Von der Entwöhnung bis zu einem Alter von fünf Monaten

Welpen sollten im Alter von etwa zwei Monaten vollständig von der Mutter entwöhnt sein. Ein Welpe, der für mindestens acht Wochen mit seiner Mutter und seinen Geschwistern zusammenbleibt, zeigt in seinem späteren Leben gewöhnlich gegenüber anderen Hunden und Menschen eine bessere Anpassungsfähigkeit.

Es empfiehlt sich, den Welpen schon bald nach der Übernahme vom Züchter von einem Tierarzt untersuchen zu lassen und die bald fällig werdenden Impfungen abzusprechen.

Der Tierarzt wird die Zähne untersuchen, seinen Knochenbau überprüfen und ihn einer generellen Grunduntersuchung unterziehen. Welpen können Probleme mit der Kniescheibe, Katarakt oder andere Augenkrankheiten, abnormale Herzgeräusche und nicht korrekt abgestiegene Hoden haben. Vielleicht zeigt Ihr Welpe auch die eine oder andere Verhaltensauffälligkeit, die Sie mit Hilfe Ihres Tierarztes eher in den Griff bekommen.

Impfen allein genügt nicht

Impfungen schützen Ihren Hund vor vielen Infektionskrankheiten. Eine ausgewogene Ernährung und die tägliche Kontrolle auf Parasiten halten Ihren Hund gesund und machen ihn weniger empfänglich für die meisten gefährlichen Erkrankungen. Denken Sie daran, dass das Wohlbefinden Ihres Hundes allein in Ihren Händen liegt!

131

Die Haare eines Hundes bei 200-facher Vergrößerung. Die Kutikula (der äußere Mantel) sieht gesund und sauber aus. Im Gegensatz zu menschlichen Haaren, die nur von der Wurzel aus wachsen, wächst das Hundehaar auch an den Enden, wie das kleine Foto zeigt.

Das Alter von fünf bis zwölf Monaten

In diesem Alter hat Ihr Welpe alle Grundimpfungen und die ersten Gesundheitstests hinter sich. Nun ist es an der Zeit, sich den Kleinen im Hinblick auf den Rassestandard anzusehen. Hat er kleine oder größere Mängel, die ihn für die Zucht und Ausstellung ungeeignet machen, kann er damit sehr gut leben und bleibt für Sie sicher trotzdem liebenswert. Sie sollten sich nun ernsthaft überlegen, ob Sie ihn kastrieren lassen. In den USA wird dies routinemäßig für Hunde, die weder an Zuchtschauen teilnehmen, noch zur Zucht eingesetzt werden sollen, schon ab einem Alter von sechs Monaten empfohlen. Sachkundige europäische Tierärzte raten dazu, den Eingriff im zweiten Lebensjahr vorzunehmen. Diese Operation hat für Ihren Hund auch gesundheitliche Vorteile: Unerwünschte Trächtigkeiten sind ausgeschlossen, die Gefahr von Gesäuge- und Gebärmutterkrebs bei Hündinnen und Prostatakrebs beim Rüden ist deutlich reduziert.

Das Alter von über einem Jahr

Sie sollten Ihren Hund mindestens einmal jährlich bei Ihrem Tierarzt vorstellen. Das Älterwerden ist zwar keine Krankheit, jedoch werden Augen und Ohren schlechter und die Funktionsfähigkeit der Nieren, Leber und des Verdauungssystems. Eine sinnvolle Ernährungsumstellung in Absprache mit Ihrem Tierarzt kann Ihrem Belgischen Schäferhundes nun das Leben nicht nur erleichtern, sondern es auch verlängern. Nicht zuletzt ist eine altersungerechte Ernährung auch für viele Alterserkrankungen verantwortlich.

Die Zahnpflege

Das Gebiss Ihres Hundes sollte während und nach dem Umzahnen – also im Alter von vier bis zwölf Monaten – regelmäßig überprüft werden. Störungen im Wachstum der bleibenden Zähne können jetzt noch beeinflusst werden; außerdem gewöhnt sich der Welpe an die Prozedur der Zahnkontrolle. Dies erleichtert Ihnen wiederum seine Zahnpflege. Bürsten Sie regelmäßig sein Gebiss, und geben Sie ihm geeignetes Kauspielzeug – dies trägt entscheidend zur Gesunderhaltung der Zähne und zu einem angenehmen Atem bei. Das Kauen beugt auch der Bildung von Zahnstein vor, der die Hauptursache dafür ist, dass die große Mehrheit aller Hunde schon im Alter von drei bis vier Jahren unter Zahnfleischentzündungen leidet.

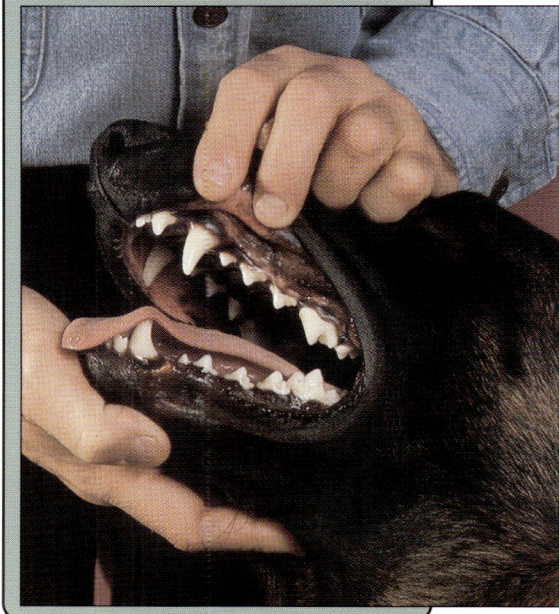

Gesundheits- und Impfplan

Alter in Wochen	3.	6.	8.	10.	12.	14.	16.	20.-24.
Entwurmung	✔	✔	✔	✔	✔	✔	✔	✔
Parvovirose-Impfung			✔		✔			
Staupe-Impfung			✔		✔			
Hepatitis-Impfung			✔		✔			
Leptospirose-Impfung			✔		✔			
Parainfluenza			✔		✔			
Zahnkontrolle			✔					✔
Grunduntersuchung			✔					✔
Wesenstest			✔					
Zwingerhusten					✔			
Tollwut					✔			✔

Dieses Schema wird häufig angewandt, kann jedoch individuell je nach Bedarf abgeändert werden. Wichtig: Impfungen sind nicht sofort wirksam! Das Immunsystem des Hundes benötigt etwa drei Wochen, um genügend Antikörper zu bilden. Die meisten Impfungen müssen jährlich aufgefrischt werden; bitte fragen Sie Ihren Tierarzt.

Hauterkrankungen

Tierärzte werden generell häufiger wegen Hautproblemen konsultiert als auf Grund anderer Erkrankungen oder Gesundheitsprobleme. Die Haut von Hunden ist fast genauso empfindlich wie die Haut von uns Menschen, und beide leiden nahezu unter den selben Hautproblemen. (Allerdings tritt zum Beispiel Akne bei Hunden viel seltener als bei Menschen auf.) Aus diesem Grund ist die Veterinärdermatologie zu einem Spezialgebiet geworden, mit dem sich inzwischen viele Tierärzte befassen.

Da viele Hautprobleme mit sichtbaren Symptomen in Verbindung stehen, die sich generell ähnlich sind, erfordert die Erkennung und Heilung vieler ernsthafter Hautprobleme das Wissen eines erfahrenen Veterinärdermatologen. In Zoofachgeschäften sind eine Reihe von Produkten zur Behandlung von Hautproblemen erhältlich, jedoch beschränkt sich deren Wirkung meist nur auf die Behandlung der Symptome, jedoch nicht auf den oder die unterschwelligen Auslöser des Problems. Wenn Ihr Hund unter einer Form von Hautkrankheit leidet, suchen Sie so schnell wie möglich die Hilfe eines Spezialisten. Je früher ein Problem erkannt und behandelt wird, umso besser sind die Chancen für eine erfolgreiche Heilung.

Erbliche Hautprobleme

Viele Hautprobleme sind erblich bedingt, einige davon sind sogar tödlich. Die Akrodermatitis ist eine genetisch bedingte

Erkrankung, die von beiden Elternteilen auf die Welpen übertragen werden kann. Die Eltern, die phänotypisch normal erscheinen, können Träger des für diese Erkrankung verantwortlichen rezessiven Gens sein. Dies stellt viele Züchter insoweit vor Probleme, als dass sie Träger eines rezessiven Gens nicht erkennen und somit von der weiteren Zucht ausschließen können. Die Folgeerkrankungen – dazu gehören vor allem Krebs und Atemwegsprobleme – sind meist schlimmer, als die Hautkrankheit an sich. Die Akrodermatitis ist ein Beispiel dafür, wie schwierig viele Hundekrankheiten korrekt zu diagnostizieren sind. Um mit Sicherheit entscheiden zu können, ob zwei Hunde miteinander verpaart werden sollten oder nicht, fallen sehr hohe Untersuchungskosten an. Welpen, die an Akrodermatitis erkranken erreichen nur selten ein Alter von zwei Jahren.

Andere genetisch bedingte Hautkrankheiten sind meist nicht tödlich. Dennoch müssen alle Krankheiten durch einen Veterinärmediziner diagnostiziert und behandelt werden. Zur Zeit führen vielen Pharmaherstellern intensive Versuchsreihen durch, um bei Hunden auftretende Hautprobleme behandeln zu können.

Häufige Infektionskrankheiten

	Dies ist eine...	Infektion durch...	Symptome
Leptospirose	ernste Erkrankung, die die inneren Organe befällt und auf Menschen übertragbar ist	Bakterien, die häufig von Nagetieren übertragen werden, verbreiten sich durch die Schleimhäute schnell im Körper	in leichten Fällen Fieber, Erbrechen, Appetitlosigkeit, in schweren Schock, unheilbare Nierenschäden, kann schlimmstenfalls zum Tod führen
Tollwut	potentiell tödlich verlaufende Viruserkrankung, die warmblütige Säugetiere befällt	den Biss eines infizierten Tieres (vornehmlich Wildtiere)	1. Stadium – Verhaltensänderung, Angst 2. Stadium – zunehmende Aggressivität 3. Stadium – Koordinationslosigkeit, Schwierigkeiten mit den Körperfunktionen
Parvovirose	hochgradig ansteckende, oft tödlich verlaufende Viruserkrankung	die orale Aufnahme des Virus über den Kot infizierter Hunde	üblicherweise sehr heftige Durchfälle, Erbrechen, Mattigkeit und Appetitlosigkeit
Zwingerhusten	ansteckende Atemwegsinfektion	die Kombination von verschiedenen Bakterien- und Virentypen; meistverbreitet *Bordetella bronchiseptica bacteria* und das Parainfluenzavirus	chronischer Husten
Staupe	Erkrankung, die primär die Atemwege und das Nervensystem befällt	ein Virus, das mit dem menschlichen Masernvirus verwandt ist	leichte Symptome wie Fieber, Appetitlosigkeit und Schleimabsonderungen entwickeln sich zu offensichtlichen Hirnschäden, Hartballenkrankheit
Hepatitis	ein Virus, das hauptsächlich die Leber angreift	ein Adenovirus Typ 1 (CAV-1) des Hundes; wird durch Einatmen aufgenommen	schwächere Symptome: Apathie, Durchfall und Erbrechen, schwerere Symptome sind beispielsweise Virusansammlungen in den Augen („blaue Augen")
Coronavirus	Verdauungsstörungen bewirkende Viruserkrankung	den Kot infizierter Hunde	Magenbeschwerden mit Appetitlosigkeit, Erbrechen und Durchfall

Parasitenbisse

Viele Menschen reagieren allergisch auf Insektenstiche. Der Stich juckt, schwillt an und entzündet sich häufig. Hunde zeigen auf Floh-, Zecken- und Milbenbisse nahezu die selbe Reaktion. Wenn wir ein Insekt auf unserer Haut spüren, haben wir die Möglichkeit, es mit der Hand zu vertreiben. Wenn Ihr Hund jedoch von einem Floh, einer Zecke oder einer Milbe gebissen wird, kann er den Plagegeist nur wegkratzen oder abbeißen. Sobald Ihr Hund von einem Parasiten gebissen wurde, ist auch schon ein Teil des Schadens angerichtet. Der Parasit kann schon Eier im Fell abgelegt haben, die dann für weitere Probleme sorgen, oder er hat den Hund über den Biss bereits mit anderen Krankheitserregern infiziert. Verschluckt der Hund einen Floh, kann er sich mit Würmern infizieren. Der Juckreiz durch den Parasitenbiss ist auf den injizierten Speichel zurückzuführen.

Viele große Hunderassen neigen zu einer Erkrankung, die als Leckekzem bekannt ist. Sie lecken solange an einer Stelle, bis diese wund ist und sich infizieren kann. Stellen Sie Ihren Hund umgehend zur Behandlung bei einem Tierarzt vor!

Autoimmunerkrankungen der Haut

Autoimmunerkrankungen werden häufig als allergische Reaktion gegen körpereigene Substanzen bezeichnet, während Allergien entzündliche Reaktionen auf einen äußeren Reiz sind. Autoimmunerkrankungen verursachen im betroffenen Körperbereich fast immer schwere Gewebeschäden.

Die wohl bekannteste Autoimmunerkrankung ist Lupus – die Hauttuberkulose –, die sowohl Hunde als auch Menschen befällt. Die Symptome können sehr unterschiedlich sein, da die Krankheit sowohl die Nieren, als auch die Knochen, das Blut und die Haut betreffen kann.

Die Erkrankung kann bei Hunden und Menschen tödlich enden, sie gilt jedoch nicht als ansteckend. Die Hauttuberkulose lässt sich mit Kortikosteroiden behandeln, jedoch haben diese Medikamente, wenn sie auf Dauer eingenommen werden müssen, schädliche Nebenwirkungen.

Akral-Lecken

Einige große Hunderassen leiden an einem bisher kaum verstandenen Syndrom: dem sogenannten Akral-Lecken. Die Hunde lecken sich dabei unablässig vor allem an den Beinen und Pfoten. Sie lecken so stark, dass die Haare und die Haut entfernt werden und eine hässliche, große Wunde zurückbleibt. Auf der Wunde bilden sich kleine Ausläufer sich neu bildender Kapillaren. Wenn Sie bemerken, dass sich Ihr Hund ständig an einer bestimmten Stelle leckt, suchen Sie mit Ihrem Hund sofort einen Tierarzt auf. Sollte die Diagnose tatsächlich Akral-

Erste Hilfe auf einen Blick

Verbrennungen
Halten Sie die verbrannte Stelle unter kaltes Wasser, bei kleinen Verbrennungen können Sie einen Eiswürfel benutzen.

Insektenstiche
Benutzen Sie Eis, um die Schwellung zu verringern. Bei Allergie muss Ihr Hund sofort zum Tierarzt.

Tierbisse
Säubern Sie den blutenden Bereich, legen Sie eventuell einen Druckverband an. Suchen Sie den Tierarzt auf.

Verschlucken von Fremdkörpern
Den Hund nicht erbrechen lassen. Sofort den Tierarzt konsultieren.

Vergiftung mit Frostschutzmittel
Bringen Sie den Hund sofort zum Erbrechen.

Angelhaken
Wird am besten vom Tierarzt entfernt, er muss zum Entfernen zerschnitten werden.

Schlangenbisse
Für den seltenen Fall packen Sie Eis um den Biss, rufen sofort den Tierarzt an und versuchen die Schlange zu identifizieren.

Autounfall
Ziehen Sie den Hund mit Hilfe einer Decke von der Straße, suchen Sie sofort einen Tierarzt auf.

Schock
Beruhigen Sie den Hund, halten Sie ihn warm, suchen Sie sofort einen Tierarzt auf.

Nasenbluten
Legen Sie eine kalte Kompresse auf die Nase, bei sichtbaren Verletzungen üben Sie einen leichten Druck aus.

Blutende Wunden
Legen Sie einen Druckverband an, bedecken Sie die Wunde mit einer Wattekompresse.

Hitzschlag
Kühlen Sie den Hund mit feuchten Tüchern, frischer Luft und kühlem Wasser. Suchen S e einen Tierarzt auf.

Schürfwunden
Säubern Sie die Wunde mit viel Wasser und tragen Sie ein Antiseptikum auf.

Unterkühlung, Frostbeulen
Wärmen Sie den Hund mit einem warmen Bad auf, legen Sie ihn auf eine elektrische Heizdecke oder eine Wärmeflasche.

 Bedenken Sie, dass ein verletzter Hund aus Angst oder in Panik beißen kann. Legen Sie ihm einen Maulkorb an, bevor Sie ihm helfen.

Lecken sein, sind die Chancen auf eine vollständige Heilung recht gering.

Pollenallergie
Eine auch bei Hunden bedeutende Allergie ist die Pollenallergie. Menschen leiden unter Heuschnupfen und ähnlichen Erscheinungen, die während der Blütezeit verschiedener Pflanzen und Gräser auftreten können. Hunde können unter denselben Allergien leiden wie Menschen. Wenn die Pollenbelastung der Luft hoch ist, niest Ihr Hund nicht, und seine Nase läuft auch nicht wie bei uns Menschen. Hunde reagieren auf eine Pollenallergie in gleicher Weise wie auf Parasitenbisse, indem sie sich kratzen und beißen. Das macht eine Diagnose recht schwierig.
Hunde können auf vorhandene Allergien hin getestet werden. Lassen Sie sich von Ihrem Tierarzt beraten.

Probleme mit dem Futter

Futterallergien
Hunde können gegen viele Futterarten allergisch sein, selbst wenn dies Spitzenprodukten sind, die von Züchtern und Tierärzten empfohlen werden. Oftmals hilft auch ein Futterwechsel nicht, weil ausgerechnet der Bestandteil, auf den der Hund allergisch reagiert, auch in dem neuen Futter enthalten ist.
Das Erkennen einer Futterallergie bei Hunden ist schwierig. Wenn Menschen etwas essen, was sie nicht vertragen, bekommen sie Hautausschlag oder sie erbrechen. Hunde können zwar auch erbrechen, aber sie bekommen gewöhnlich keinen Ausschlag. Dafür ver-

spüren sie einen unablässigen Juckreiz und kratzen und beißen sich unentwegt, wodurch die genaue Diagnose sehr erschwert wird. Während Pollenallergien und Parasitenbisse nur zu bestimmten Jahreszeiten auftreten, sind Futterallergien ein ganzjähriges Problem.

Futterunverträglichkeiten
Futterunverträglichkeiten bedeuten die Unfähigkeit eines Hundes, bestimmte Futterarten vollständig zu verdauen. Welpen, die keinerlei Probleme mit der Muttermilch hatten, können Unverträglichkeiten bei Kuhmilch zeigen. Die Ergebnisse einer solchen Futterunverträglichkeit können Durchfall, Blähungen und Magenschmerzen sein. Da dies die einzigen offensichtlichen Symptome für eine Futterunverträglichkeit sind, gestaltet sich die Diagnose meist recht schwierig.

Die Behandlung von Futterproblemen
Sie haben gute Chancen, mit den Futterallergien und -unverträglichkeiten Ihres Hundes selbst fertig zu werden. Stellen Sie die Ernährung Ihres Hundes auf Futtersorten um, die er vorher noch nie erhalten hat. Es ist recht unwahrscheinlich, dass er auf etwas, das er nie zuvor gefressen hat, mit einer Allergie

Wussten Sie schon?
Sie und Ihr Hund können die gleichen Allergien entwickeln. Der Unterschied besteht darin, dass Ihre Allergie einfacher zu erkennen und meist leicht zu behandeln ist, während Allergien bei Ihrem Hund oft verdeckt auftreten.

oder Unverträglichkeit reagiert. Beginnen Sie die Diät mit einer einzelnen Zutat, die nicht in seinem bisherigen Futter enthalten war. Zutaten wie Rinderhack oder Fisch sind in vielen Futtersorten enthalten, also versuchen Sie etwas Ausgefalleneres wie Strauß, Kaninchen, Lamm oder auch einfach gekochtes Gemüse. Behalten Sie diese Diät ohne weitere Zusätze für einen Monat bei. Wenn die Symptome abklingen, haben Sie die Ursache wahrscheinlich ausgegrenzt.

Denken Sie jedoch nicht, dass Sie Ihren Hund nur mit dieser einen Zutat auf Dauer ernähren können, denn Sie müssen eine ausgewogene Ernährung zusammenstellen. Deshalb müssen Sie herausfinden, welche Zutaten in seinem alten Futter das Problem auslösten. Am einfachsten fügen Sie dem Futter nach und nach weitere Bestandteile zu. Nach jedem neu hinzugefügten Bestandteil behalten Sie die Diät für einen Monat bei, bevor Sie den nächsten hinzufügen. Mit der Zeit werden Sie herausfinden, was der Auslöser der Futterallergie oder -unverträglichkeit war. Das ist zwar etwas langwierig, aber ein sicherer Weg, die allergieauslösenden Bestandteile auszuschließen.

Alternativ können Sie die auf der Packung genannte Zusammensetzung des Futters, das Ihr Hund nicht vertragen hat, studieren. Kaufen Sie eine Sorte, die die Hauptzutaten der vorherigen nicht enthält. Geben Sie ihm nun für einen Monat das neue Futter und beobachten Sie, ob die Symptome abklingen.

Zahnpflege

Sie sind für die Gesundheit Ihres Hundes verantwortlich und sollten auch seine Zähne regelmäßig kontrollieren. Tierärzte warnen vor Zahnbelägen und Zahnstein, die das Zahnfleisch entzünden und so Bakterien das Eindringen in den Blutkreislauf ermöglichen, wo sie schwere Infektionen auslösen können. Studien zeigen, dass über die Hälfte aller Hunde an einer Form von Zahnfleischentzündung leiden. Sie können mit speziellen Kauspielzeugen und wöchentlichem Zähneputzen das Leben Ihres Hundes um Jahre verlängern.

Eine Aufnahme des Hundeflohs *Cteno-cephalides canis* durch ein Raster-Elektronen-Mikroskop.

Eine Ausschnittsvergrößerung des Kopfs eines Hundeflohs, *Ctenocephalides canis*.

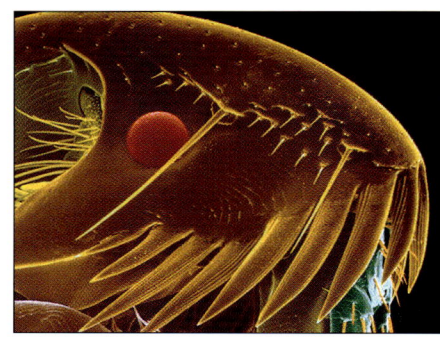

Ein männlicher Hundefloh der Art *Ctenocephalides canis*.

Äußere Parasiten (Ektoparasiten)

Von allen Problemen, zu denen Hunde neigen, ist wohl keines besser bekannt und frustrierender als das Flohproblem. Ein Flohbefall ist zwar relativ einfach zu behandeln, dafür umso schwieriger zu verhindern. Parasiten, die im Inneren eines Hundes ihr Unwesen treiben, sind schwieriger zu behandeln, dafür aber einfacher zu kontrollieren.

Flöhe

Es ist möglich, Flohbefälle zu kontrollieren, jedoch müssen Sie dazu den Lebenszyklus des Flohs verstehen. Gewöhnlich sind Flöhe ein im Sommer auftretendes Problem, aber da sich Flöhe in unseren zentralbeheizten Räumen inzwischen das ganze Jahr wohlfühlen, haben wir auch das ganze Jahr

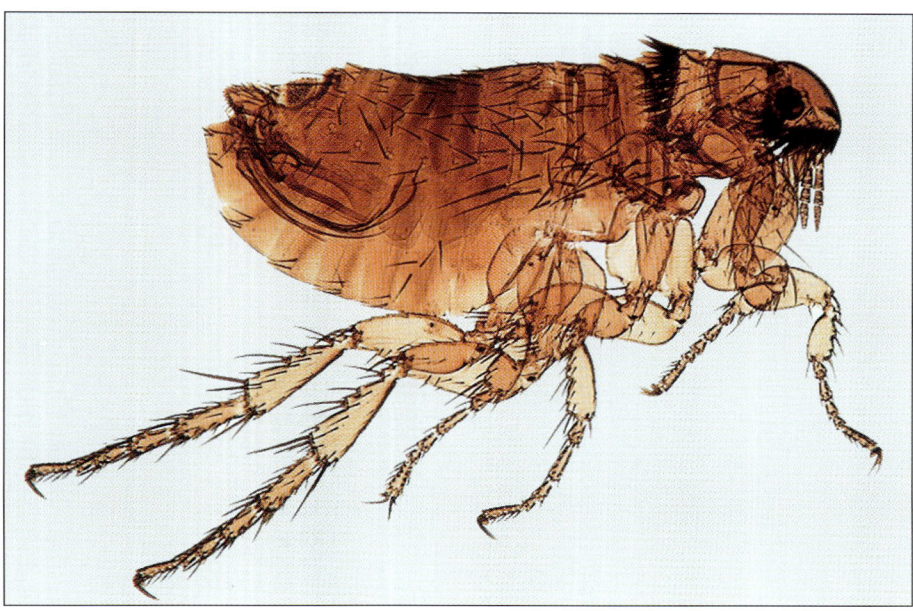

Wussten Sie schon?

Flohbekämpfungsmittel sind giftig. Sie sollten diese Mittel nicht an Stellen einsetzen, an denen sich Ihr Hund lecken kann, nicht an seinen Genitalien und nicht in seinem Gesicht. Die Behandlung mit Medikamenten zur Einnahme ist sicherer, aber sprechen Sie mit Ihrem Tierarzt, denn nicht jeder Hund verträgt diese Flohmittel.

mit ihnen zu kämpfen. Eine effektive Beseitigung bezieht auch das Umfeld mit ein. Es gibt leider kein einziges Mittel gegen Flöhe, das stets und überall mit gleich gutem Erfolg eingesetzt werden kann. Für eine effektive Flohkontrolle muss die Behandlung gezielt jedes Stadium des Lebenszyklus des Flohs bekämpfen.

Entwicklungsstadien des Flohs

Während seines Lebens durchläuft der Floh vier Stadien: Ei, Larve, Puppe und aculter Floh. Um die Eier, Puppen oder Larven zu erkennen, brauchen Sie ein Mikroskop. Flöhe verbringen ihr ganzes Leben auf Ihrem Hund, wenn sie nicht gewaltsam durch Bürsten, Baden, Kratzen oder Beißen entfernt werden. Der Hundefloh heißt wissenschaftlich *Ctenocephalides canis*, der Katzenfloh heißt *Ctenocephalides felis*. Verschiedene Fleharten können Hunde und Katzen gleichermaßen befallen. Flöhe legen ihre Eier auf dem Hund ab. Die Eier fallen ab, sobald sie getrocknet sind (bei der Ablage sind sie noch leicht feucht und haften so gut am Fell des Hundes).

Sie sind der Grundstock für künftige Flohplagen. Wenn Ihr Hund einmal einige Flöhe herunterkratzt, warten sie auf ihr nächstes Opfer – einen Hund oder auch einen Menschen! Sie haben richtig gehört, Hundeflöhe befallen auch Menschen. Gerade deshalb ist es so wichtig, dass Sie einen Flohbefall ernst nehmen. Die Bekämpfung muss gleichzeitig die Flöhe treffen, die sich auf Ihrem Hund befinden und die, die sich in der Wohnung und den Lieblingsplätzen Ihres Hundes befinden. Sie sind das Problem so lange nicht los, solange Sie nicht alle Flöhe, Eier, Larven und Puppen beseitigt haben!

Flöhe in Zahlen

Flöhe gibt es bereits seit Millionen von Jahren, und sie haben sich an immer neue Wirtstiere angepasst. Sie können einen kompletten Lebenszyklus in weniger als einem Monat durchlaufen 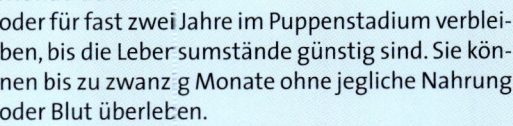 oder für fast zwei Jahre im Puppenstadium verbleiben, bis die Lebensumstände günstig sind. Sie können bis zu zwanzig Monate ohne jegliche Nahrung oder Blut überleben.

Es ist erwiesen, dass Flöhe bis zu 300 000 Mal springen und dabei in jeder Richtung, auch nach oben, das 150-fache ihrer eigenen Körperlänge überspringen können. Dies sind nur einige der Gründe, warum Flöhe solche Überlebenskünstler sind.

Entflohen Sie Ihr Zuhause

Sauberkeit ist der Schlüssel zum Erfolg. Wenn Sie eine Katze besitzen, ist die Bekämpfung noch schwieriger, da die meisten Hundeflöhe eigentlich Katzenflöhe sind und Katzen in Bereiche hochklettern, die der Hund nicht erreichen kann (beispielsweise Fensterbänke und Tische) und die Sie zusätzlich reinigen müssen. Wischen Sie Böden (Fliesen, Linoleum, Laminat, Dielen oder Parkett) regelmäßig auf, denn alle heruntergefallenen Essensreste sind Nahrung für die Flohlarven! Saugen Sie den Teppichboden und Ihre Polstermöbel mehrmals täglich. Vergessen Sie dabei nicht, auch die Kissen und unter den Möbel zu saugen. Versuche haben gezeigt, dass normale Bodenstaubsauger nur etwa zwanzig Prozent der Larven und fünfzig Prozent der Eier wirklich aufsaugen. Die Staubsaugerbeutel sollten Sie nach dem Saugen in einm verschließbaren Plastikbeutel entsorgen und den Staubsauger gründlich reinigen. Behandeln Sie auch Ihren Garten gegebenenfalls mit einem Antiflohmittel.

Für Ihre Wohnung kann Ihnen Ihr Tierarzt sicher ein Spray empfehlen, das Sie aber sehr gewissenhaft nur nach

Anleitung einsetzen dürfen. Dosieren Sie das Mittel vorsichtig und achten darauf, dass besonders Ihre Kinder nicht in direkten Kontakt damit kommen. Es gibt eine Vielzahl von Antiflohmitteln für den Hund selbst, die Sie nur nach Absprache mit Ihrem Tierarzt verwenden sollten.

Ivermectin wird häufig als Wundermittel bezeichnet. Es bekämpft viele Ekto- und Endoparasiten wirksam, darunter Herzwürmer, Spulwürmer, Band-

Gegenüberliegende Seite: Eine Elektronenmikroskopaufnahme eines Flohs, *Ctenocephalides*, in mehr als 100-facher Vergrößerung. Für einen besseren Kontrast wurde die Aufnahme eingefärbt.

Der Lebenszyklus eines Flohs

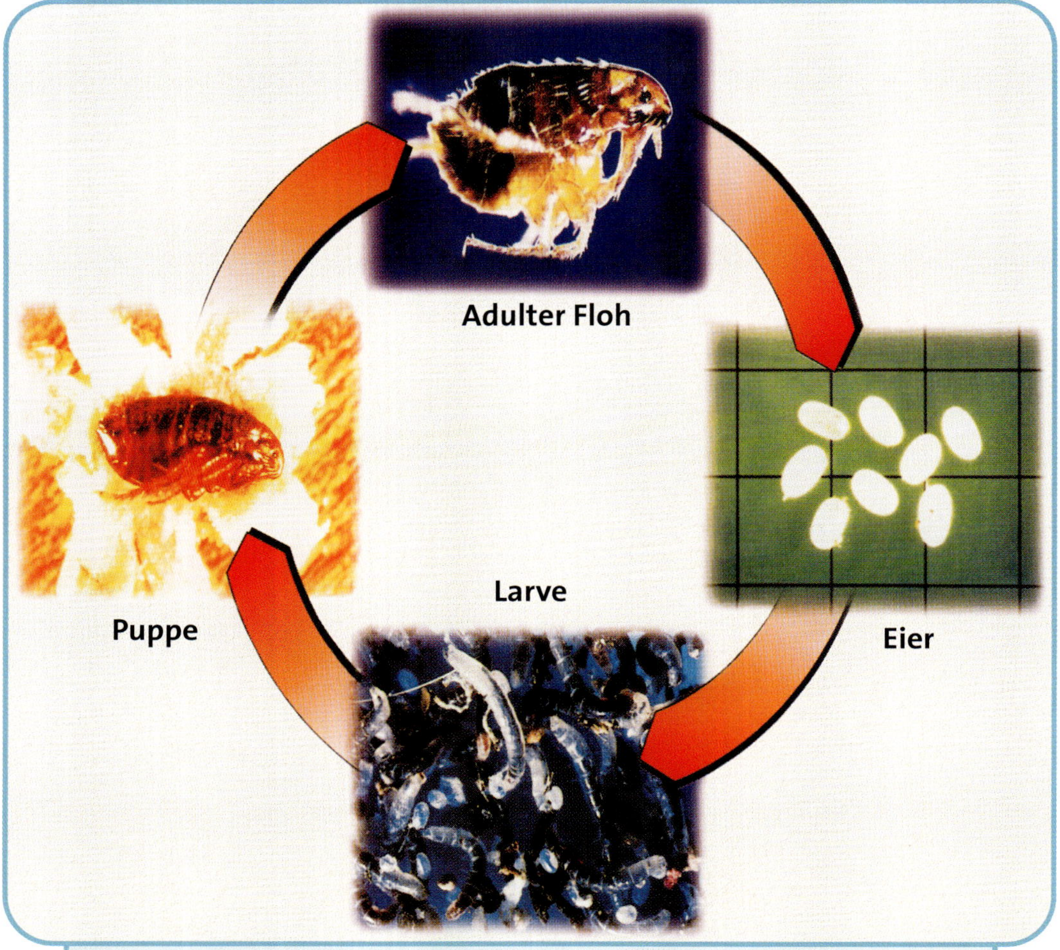

Adulter Floh

Puppe

Larve

Eier

würmer, Hakenwürmer, Zecken and Milben, ist aber in Deutschland für die Anwendung am Hund noch nicht zugelassen. Tierärzte stehen dem Mittel teils skeptisch gegenüber, da es sehr stark wirkt und bei einigen Hunderassen zu Todesfällen geführt hat.

Das Umfeld muss entfloht werden
Es genügt nicht, wenn Sie nur Ihre Wohnung mit dem Staubsauger, dem Mop und Anti-Floh-Mitteln reinigen, Sie müssen zumindest noch den Garten von den Flöhen befreien. Wenn Sie dabei Insektizide versprühen achten

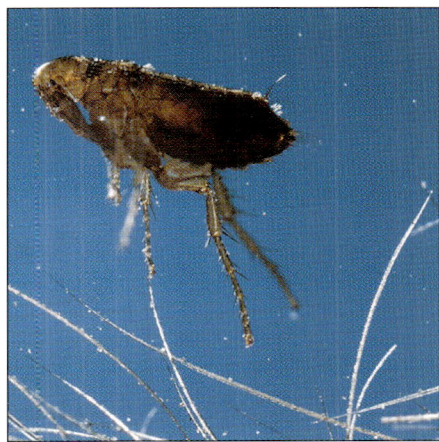

sie bevorzugen kleinste Risse und Spalten in Wänden. Diese Parasiten können Sie mit den gleichen Mitteln wie Flöhe bekämpfen.

Die Hundezecke *Dermacentor variabilis* ist weltweit am häufigsten zu finden, besonders im feuchtwarmen Klima.

Die meisten Hundezecken haben eine Lebenserwartung zwischen einer Woche und sechs Monaten, was ganz von den herrschenden Klimabedingungen

Diese Vergrößerung zeigt einen Floh, wie er auf einem Hunderücken springt.

Sie darauf, dass Sie keine anderen Insekten und Tiere vergiften. Halten Sie die Mittel fern von Ihrem Gartenteich. Wählen Sie auch für draußen ein Mittel, das Ihrem Hund nicht gefährlich werden kann, zur Sicherheit lassen Sie Ihren Hund nach der Behandlung nicht sofort in den Garten.

Zecken und Milben

Obwohl nicht so häufig wie Flöhe, gibt es Zecken und Milben überall auf der Welt in den tropischen und gemäßigten Klimazonen. Auch sie ernähren sich vom Blut ihrer Opfer, beißen diese aber nicht, sondern bohren sich mit ihren scharfen Mundwerkzeugen in ihre Haut. Sie ernähren sich ausschließlich von Blut und injizieren ihren Speichel in die Bisswunde, um das Blut am Gerinnen zu hindern. Zecken und Milben sind Überträger einer Reihe von sehr unangenehmen Erkrankungen, die teilweise sogar tödlich verlaufen können, beispielsweise das Zeckenfieber. Ihr Lebensraum ist dem der Flöhen ähnlich,

Wachstumshemmer

Zur Flohbehandlung sollten zwei Mittel eingesetzt werden - eines zur Behandlung des Hundes und eines zur Behandlung des Lebensraums. Adulte Flöhen stellen nur 1% der Flohpopulation dar. Die präadulten Flöhe (Eier, Larven und Puppen) bilden die anderen 99% der Flohpopulation und sind im Lebensraum des Hundes zu finden. Im Fall von präadulten Flöhen sollte ein Mittel verwendet werden, das einen Wachstumsregulator für Insekten enthält.

Wachstumsregulatoren stellen eine neue Klasse von Wirkstoffen dar, die die Entwicklung von Insekten verhindern. Sie töten das Insekt nicht sofort, sondern verhindern im entscheidenden Moment dessen Wachstum. Methopren enthaltende Produkte sind weltweit die führenden Wachstumsregulatoren. Für die Kontrolle von Flöhen und anderen Insekten eingesetzt, stoppt dieser Wachstumsregulator die Weiterentwicklung der Flohlarve und schützt Ihr Haus so bis zu sieben Monate vor einem Flohbefall.

abhängt. Sie können weder springen noch fliegen, sondern krabbeln herum und können beim Angriff auf einen schlafenden und nichts Böses ahnenden Hund Strecken von bis zu fünf Metern zurücklegen.

Räude

Milben verursachen verschiedene Hautreizungen, die sämtlich als Räude bezeichnet werden. Einige Arten sind ansteckend und können von Hund zu Hund übertragen werden wie die Ohrmilben, Sarkoptes-Milben oder Cheyletiella-Milben. Die demodikotische

Vorsicht Hundezecke!

Leider sind auf vielen Wiesen und in Wäldern Zecken zu Hause. Zecken sind häufig Träger des Bakteriums *Borrelia burgdorferi*. Am häufigsten findet man sie im Frühling und im Herbst. Wenn die Infektion früh erkannt wird, helfen Antibiotika. Unerkannt führt das Bakterium zu neurologischen, Herz- und Nierenschäden. Die Gelenke können sich entzünden und jede Bewegung schmerzt.

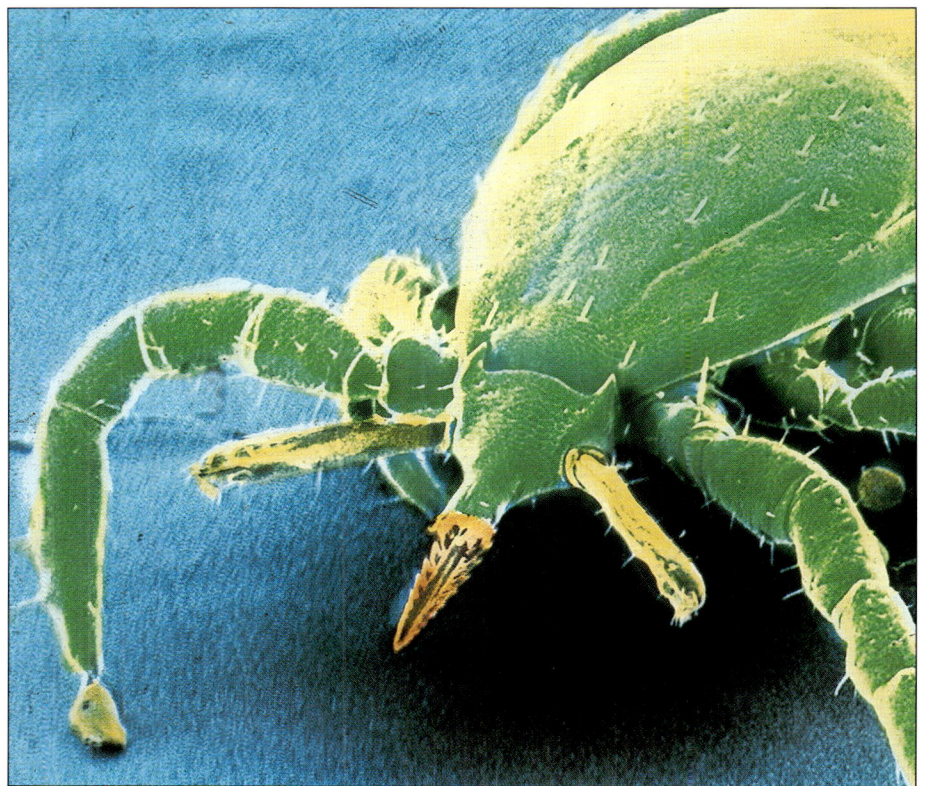

Ein Holzbock, Träger des Erregers der Lyme Borreliose. Die Aufnahme wurde eingefärbt.

Gegenüberliegende Seite: Die Hundezecke, *Dermacentor variabilis*, ist die am häufigsten auf Hunden zu findende. Beachten Sie die kraftvollen Kauwerkzeuge – kein Wunder, dass sie schwer zu entfernen sind.

147

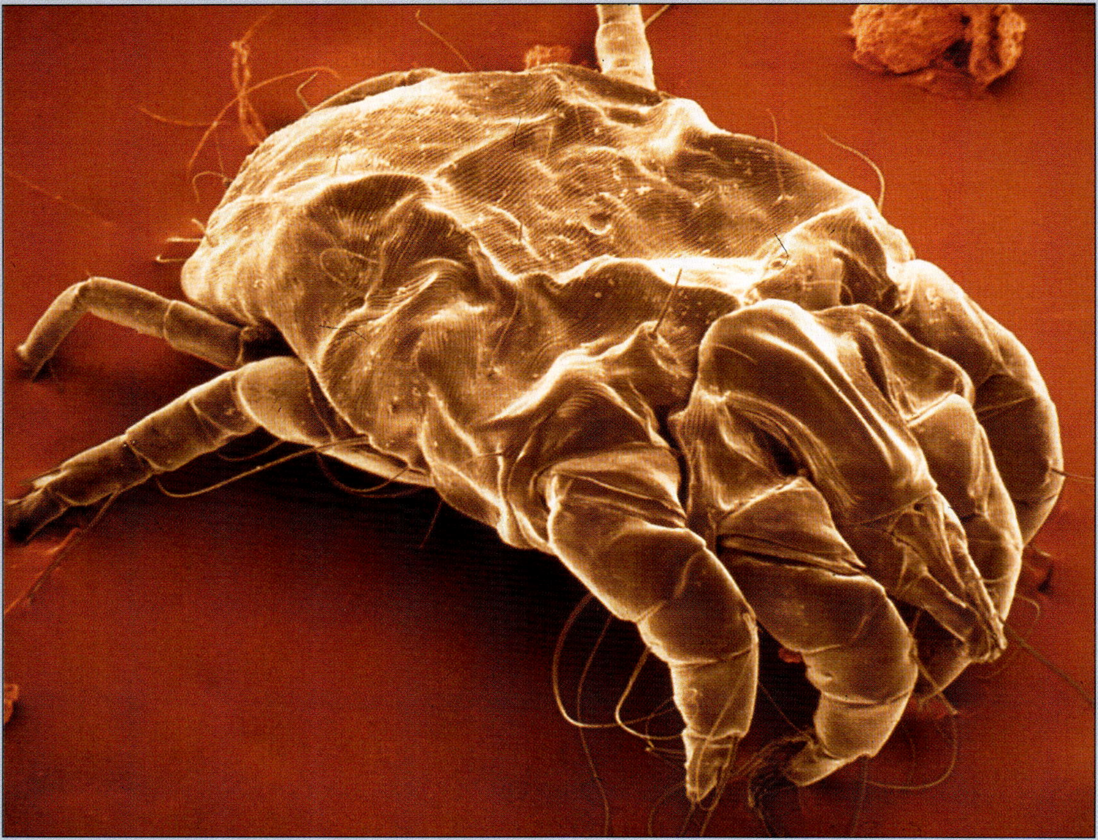

Eine Aufnahme
der Räudemilbe,
Psoroptes bovis.

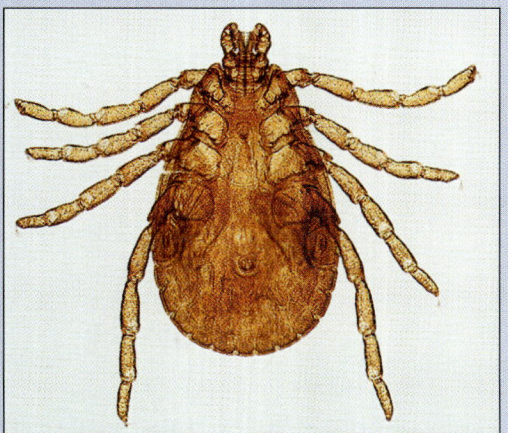

Die Braune Hundezecke, *Rhipicephalus sanguineus,*
ist ein auf Hunden selten zu findender,
aber unangenehmer Quälgeist.

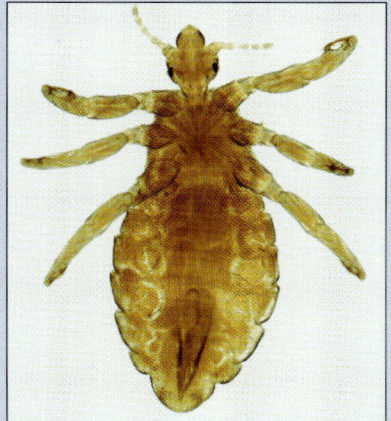

Menschliche Kopfläuse sehen wie
Hundeläuse aus und sind eng
mit diesen verwandt.

Räude geht mit einem Befall durch Demodex-Milben einher, sie gilt als nicht übertragbar. Die Milben sitzen in den Haarfolikeln und können nur von der Mutterhündin über die Milch auf die Welpen übertragen werden.

Ohrmilben sind in der Regel gut mit Ivermectin zu kontrollieren. Da einige Arten von Räude auf den Menschen übertragen werden können, sollte in jedem Fall schnellstmöglich eine Behandlung erfolgen.

Innere Parasiten (Endoparasiten)

Die meisten Tiere – Fische, Vögel und alle Säugetiere, Hunde und Menschen eingeschlossen – beherbergen Würmer und andere Parasiten, die im Innern des Körpers leben. Nach Ansicht des Fischpathologen Dr. Herbert R. Axelrod gibt es zwei Arten von Parasiten – dumme und schlaue. Die schlauen Parasiten leben mit ihrem Wirt in friedlicher Eintracht (Symbiose), während die dummen ihren Wirt umbringen.

Die meisten Wurminfektionen sind relativ einfach zu kontrollieren. Lässt man sie jedoch ungehindert ausufern, schwächen sie ihren Hundewirt letztendlich bis zu dem Punkt, an dem es zu anderen Gesundheitsproblemen kommt.

Spulwürmer

Der häufigste Spulwurm bei Hunden ist unter dem wissenschaftlichen Namen *Toxocara canis* bekannt. Er lebt im Verdauungssystem des Hundes und scheidet kontinuierlich Eier aus. Es wird vermutet, dass ein durchschnittlich großer Hund täglich etwa 150 Gramm Kot pro-

duziert, von denen jedes Gramm durchschnittlich 10 000 bis 12 000 Spulwurmeier enthält. Es gibt keine Bereiche, in denen sich Hunde aufhalten, die nicht mit Spulwurmeiern verseucht sind. Die größte Gefahr von Spulwürmern ist, dass sie auch Menschen befallen. Aus diesem Grund ist es wichtig, Ihren Hund regelmäßig zu entwurmen. Auch Schweine leiden unter Spulwurmbefällen, die auf Mensch und Hund übertragbar sind. Dieser Spulwurm trägt den wissenschaftlichen Namen *Ascaris lumbricoides*.

Entwurmen

Das Entwurmen Ihres Welpen ist ausgesprochen wichtig, denn viele Würmer, wie Band-, Haken- und Spulwürmer, können vom Welpen auf den Menschen übertragen werden.

Züchter entwurmen ihre Welpen das erste Mal bereits im Alter von etwa vier Wochen. Diese Prozedur wird gewöhnlich alle zwei bis drei Wochen wiederholt, bis die Welpen drei Monate alt sind. Der Züchter, bei dem Sie Ihren Welpen kaufen, sollte Ihnen einen Gesundheitspass aushändigen, in dem alle bereits verabreichten Impfungen und Entwurmungen im Detail vermerkt sind.

Ihr Tierarzt wird Ihnen für Ihren Welpen ein Entwurmungsprogramm empfehlen und überwachen. Im Normalfall wird ein Welpe alle 15 bis 20 Tage behandelt, bis er frei von Würmern ist. Es ist nicht ratsam, zu diesem Zweck Entwurmungsmittel zu verwenden, die nicht vom Tierarzt empfohlen wurden.

Hakenwürmer

Die Wurmart *Ancylostoma caninum* ist gewöhnlich als der Hundehakenwurm bekannt. Er ist auch für Katzen und Menschen gefährlich. Wie viele andere Würmer besitzt auch dieser Wurm Mundwerkzeuge, mit denen er sich in den Darmwänden seines Wirtes verankern kann. Da er seinen Standort allerdings etwa sechsmal täglich wechselt, kommt es an den beschädigten Darmwänden zu Blutungen, die zu einer Eisenmangelanämie führen können. Ein Hakenwurmbefall kann einfach mit einer Reihe von Medikamenten behandelt werden. Auch die meisten Wurmkuren wirken gleichzeitig gegen Hakenwürmer. Milbemyzin oxim kann auch bei einem Befall mit Hakenwürmern genommen werden.

In England taucht im offenen Grasland der Hakenwurm *Uncinaria stenoce-*

Spulwürmer

Durchschnittlich große Hunde können täglich 1 360 000 Spulwurmeier ausscheiden. Bei einem weltweiten Bestand von angenommen nur einer Million Hunden wird die Umwelt jeden Tag mit 1 300 Tonnen Hundekot belastet. Diese Kotmenge enthält somit 15 000 000 000 Spulwurmeier. Sieben bis 31 Prozent aller Privatgärten und Buddelkästen in den USA sind mit Spulwurmeiern verseucht. Den Kot Ihres Hundes in der Toilette hinunterzuspülen, ist kein sicherer Weg, denn die normalen Wasseraufbereitungsmaßnahmen im Klärwerk zerstören die Spulwurmeier nicht. Infizierte Welpen beginnen im Alter von drei Wochen mit der Ausscheidung von Spulwurmeiern. Sie können bereits im Mutterleib infiziert sein.

Der Spulwurm *Rhabditis*. Er kann Hunde und Menschen befallen.

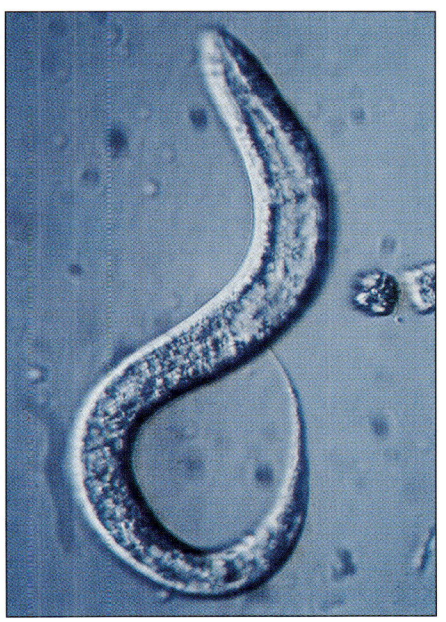

(Abbildung links) Das infektiöse Stadium der Hakenwurm-larve.

(Abbildung rechts) Männlicher und weiblicher Hakenwurm, *Ancylostoma caninum*. Sie sind nur selten bei Haus- oder Ausstellungs-hunden zu finden.

phala auf. Er befällt vor allem Hunde, die sich länger im Freien aufhalten, wie viele Jagdhunde, Laufhunde und alle anderen Hunde, die viel im Freien trainieren. Haushunde werden von diesem Parasiten seltener befallen.

Wussten Sie schon?

Erlauben Sie Ihrem Hund nie in verdreckten oder öffentlichen Gewässern ur bekannter Wasserqualität zu schwimmen. Sogar glasklares Wasser kann Parasiten enthalten, die schwere oder gar tödliche Krankheiten bei Ihrem Hund auslösen können. Gewässer, die von Vögeln und Wildtieren besucht werden, sind besonders gefährlich.

Bandwürmer

Es gibt verschiedene Arten von Bandwürmern. Am häufigsten werden Bandwürmer von Flöhen auf Hunde übertragen, indem der Hund den infizierten Floh frisst. Damit kann der Lebenszyklus des Bandwurms im Wirtstier beginnen. Bandwürmer sind jedoch auch noch auf anderen Wegen und nicht nur auf Hunde, sondern auch auf Menschen übertragbar. Während eine Bandwurminfektion für Hunde keine lebensbedrohende Angelegenheit ist, kann sie bei Menschen der Auslöser für eine sehr schwere Lebererkrankung sein. Etwa 50% aller Menschen, die sich mit dem Fuchsbandwurm *Echinococcus multilocularis* infizieren und hierdurch unter alveolärer Hydatidose leiden, sterben letztlich daran.

Belgische Schäferhunde

Der Kopf und das Rostellum (die runde Erhebung am Skolex) eines Bandwurmes, der Hunde und Menschen befällt.

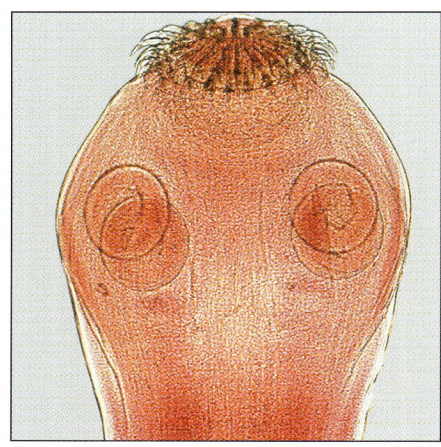

Herzwürmer

Herzwürmer sind dünne, bis zu dreißig Zentimeter lange Würmer, die in der Leber und den großen, das Herz umgebenden Blutgefäßen ihres Wirts leben. Hunde können bis zu 200 Würmer haben! Die Symptome sind Energieverlust, Appetitlosigkeit, Husten, Anämie und die Entwicklung eines aufgeblähten Abdomens.

Die Herzwurm-Parasitose ist in Deutschland nicht heimisch, denn der Überträger des Parasiten (*Dirofilaria immitis*) ist eine in Deutschland nicht vorkommende Mückenart. Dennoch kann sich Ihr Hund infizieren, wenn Sie ihn mit in ein gefährdetes Land nehmen, dazu gehören die USA, Afrika und der Mittelmeerraum. Der Erreger lebt im Herzgewebe sowie den angrenzenden Blutgefäßen der Lunge. Seine Larven, die Mikrofilarien, leben im Blut. Beim Blutsaugen nimmt die Mücke die Larven auf und gibt sie an andere Hunde weiter.

Bandwürmer

Menschen, Ratten, Mäuse, Eichhörnchen, Füchse, Wölfe und Hunde sind für Bandwurminfektionen anfällig. Bandwürmer stellen allerdings nur für Menschen und Welpen ein lebensbedrohendes Problem dar. Beim Menschen besteht die Hauptgefahr darin, dass wir Fehlwirte für die Finnen der Bandwürmer werden. Haben sie erst einmal einen Wirt gefunden, vermehren sich die Parasiten tausendfach. Bandwürmer sind zweigeschlechtlich. Jeder Wurm und jedes Wurmglied besitzt männliche und weibliche Geschlechtsorgane.

Wenn Hunde infizierte Ratten oder Mäuse fressen, infizieren sie sich mit dem Bandwurm. Einen Monat nachdem sich der Wurm im Darm seines Wirts festgesetzt hat, beginnt er mit der Ausscheidung von Eiern, die umgehend infektiös sind und mehrere Monate ohne Wirt überleben können.

Es handelt sich um eine lebensgefährliche Parasitose, deren Behandlung langwierig und teuer ist. Eine Infektion kann verhindert werden, indem Sie Ihren Hund vor dem Reiseantritt in gefährdete Länder beim Tierarzt impfen lassen. Sollten Sie einen Hund aus den gefährdeten Ländern mitbringen, lassen Sie ihn hier am besten gleich von Ihrem Tierarzt untersuchen.

Bluttests zum Nachweis sind nicht immer zuverlässig, achten Sie nach Reisen besser darauf, ob Ihr Hund die genannten Symptome zeigt.

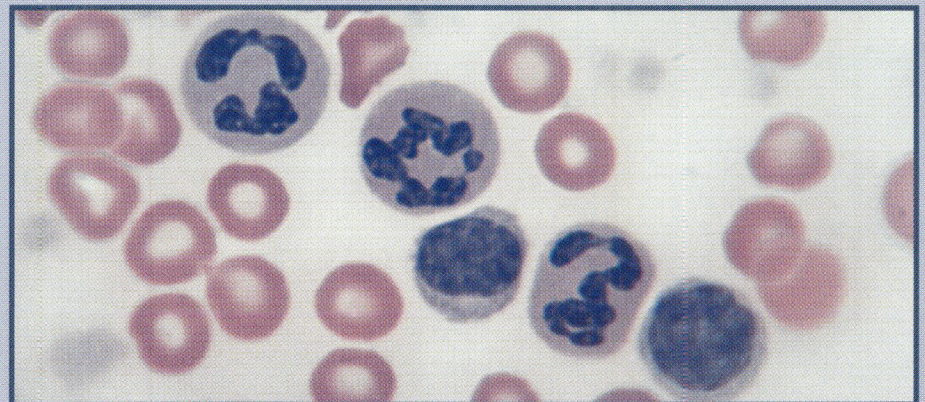

Vergrößerte
Larven des
Herzwurms,
*Dirofilaria
immitis.*

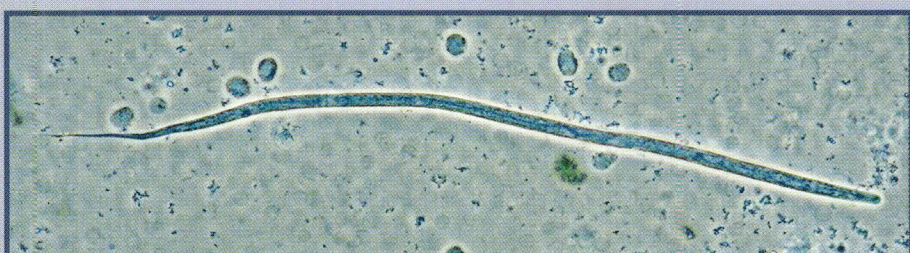

Der Herzwurm,
*Dirofilaria
immitis.*

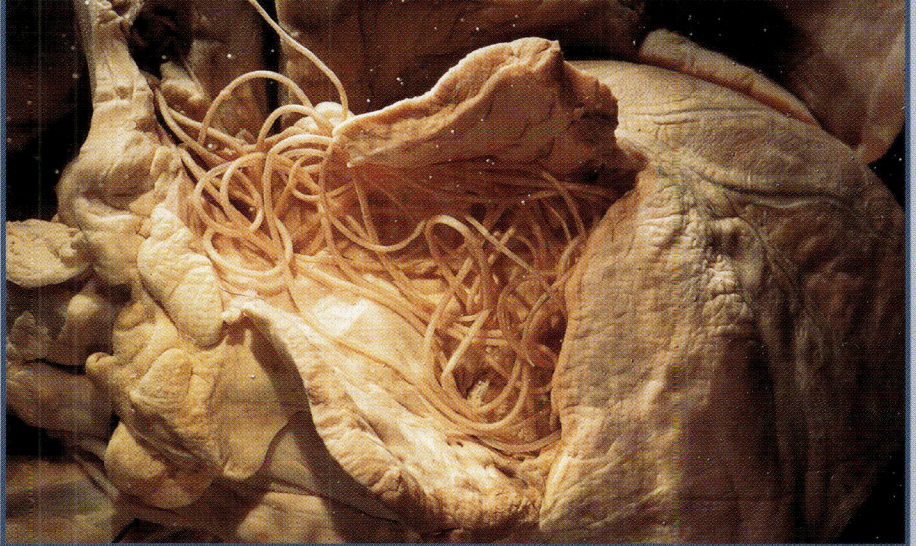

Das Herz eines
von Herzwür-
mern (*Dirofila-
ria immitis*)
befallenen
Hundes.

Homöopathie:
eine Alternative zur Schulmedizin

Das Heilen auf natürliche Weise

Der Begriff „holistische Medizin" beschreibt die Behandlung eines Tieres in seiner Gesamtheit als einzigartiges, perfektes Lebewesen. Generell unterdrückt eine holistische Behandlung nicht die vom Körper auf natürliche Weise hervorgebrachten Symptome, wie das bei den meisten von Ärzten verschriebenen Medikamenten der Fall ist. Holistische Methoden dienen der Heilung von Erkrankungen durch das Wiederherstellen der Balance und Harmonie in der Umgebung des Patienten. Einige dieser Methoden schließen Ernährungstherapien wie den Einsatz von Kräutern, Blütenessenzen, Aromatherapie sowie Akupunktur, Massagen, Chiropraktiken und natürlich die populärste aller holistischen Therapien, die Homöopathie, mit ein.

Die Homöopathie ist die Theorie oder das System der Behandlung von Erkrankungen mit kleinen Dosen von Substanzen, die – würde man sie in größeren Mengen einnehmen – genau die Symptome verursachen würden, unter denen der Patient bereits leidet. Obwohl die moderne Tiermedizin eher in Richtung „Schnellheilung" tendiert, verlässt sich die Homöopathie mehr auf den Glauben, dass der Körper in der Lage ist, sich selbst zu heilen, wenn ihm dafür ausreichend viel Zeit gegeben wird. Der schwierige Teil in der Tier-Homöopathie ist die Auswahl eines Mittels, das ein bei einem Hund vorliegendes Problem zu beseitigen vermag. Bitten Sie daher Ihren Tierarzt zunächst um eine professionelle Diagnose der Symptome Ihres Hundes. Oftmals verlangen diese Symptome umge-

Weniger ist mehr

Nach diesem Leitsatz wird die Stärke eines homöopathischen Mittels an der Anzahl der durchgeführten Potenzierungen zur Herstellung des Mittels gemessen. Je höher die Anzahl der Potenzierungen ist, desto stärker ist auch das homöopathische Mittel. Verarbeitet man einen Teil Ausgangssubstanz in 9 Teilen einer Wasser-Alkohol-Mischung oder in 9 Teilen Milchzucker, hat man ein Mittel der Potenz D1 hergestellt. Wenn ein Heilmittel auf diese Weise beispielsweise sechs Mal potenziert wurde, hat es die Potenz D6. Dabei darf „Potenzierung" nicht mit „Verdünnung" verwechselt werden. Eine Verdünnungsreihe führt nur zu einer geringeren Konzentration der Substanz. Bei den Potenzierungen wird der Wirkstoff immer weiter aufgeschlossen. Die physikalische Konzentration sinkt ebenfalls, aber die Wirksamkeit erhöht sich. Eine höhere Potenz mit häufigen Einnahmen ist besser bei akuten Symptomen, eine niedrigere Potenz in weniger häufiger Verabreichung ist bei chronischen und lang anhaltenden Problemen wirkungsvoller.

hende konventionelle Pflege. Wenn Ihr Tierarzt dazu bereit ist und über das nötige Grundwissen verfügt, können Sie es auch mit einem homöopathischen Mittel versuchen. Achten Sie aber darauf, dass beispielsweise Kortison die Wirkung homöopathischer Mittel aufhebt. Es gibt Hunderte von Möglichkeiten und Kombinationen zur Beseitigung vieler Gesundheitsprobleme bei Hunden. Dazu gehören extremes Haaren, Flöhe oder andere Parasiten, unangenehme Geruchsausstrahlungen, Mundgeruch, ein verdorbener

Magen, trockenes, öliges oder stumpfes Fell, Durchfall, Ohrprobleme oder Augenausfluss (einschließlich Tränen der Augen oder Schleimabsonderungen); auch Verhaltensabnormitäten wie Angst oder unkontrollierte Lautäußerungen, Dauerlecken, Appetitmangel, ständiges Bellen, Übergewicht und verschiedene Phobien. Von Alumina bis Zincum Metallicum erstreckt sich die Herkunft der Heilmittel über die ganze Erde, von Blüten und Unkräutern bis zu Chemikalien, Insektenkot, Petroleum und Vulkanasche.

Die Anwendung der Homöopathie

Im Gegensatz zu konventionellen Medikamenten, die Symptome unterdrücken, behandeln homöopathische Mittel Krankheiten mit kleinen Dosen von Substanzen, die in größeren Mengen verabreicht genau die Symptome hervorrufen würden, unter denen der Patient bereits leidet. Während dasselbe homöopathische Mittel zur Behandlung unterschiedlicher Symptome bei verschiedenen Hunden verwendet werden kann, folgen hier nun einige interessante Mittel und deren Anwendung.

Apis Mellifica
Kann bei Allergien oder zum Abklingen von Schwellungen akut entzündeter Nieren benutzt werde und wird aus dem Gift der Honigbienen hergestellt.

Nux vomica
Kann zur Kontrolle der Reisekrankheit verwendet werden.

Calcarea Fluorica
Dieses Mittel kann zur Behandlung harter Gewebsknoten angewandt werden und wird aus Kalziumfluorid hergestellt, das einer härteren Knochenstruktur dient.

Natrium Muriaticum
Zur Behandlung dünner, dehydrierter Hunde benutzt, wird es aus gewöhnlichem Kochsalz (Natriumchlorid) hergestellt.

Nitricum Acidum
Wird aus Salpetersäure hergestellt und wird bei Symptomen angewendet, bei denen man Wunden hervorgerufenen durch Säure vermuten würde, besonders in den Bereichen, wo die Haut an die Schleimhäute von Körperöffnungen wie den Lippen oder Nasenlöchern angrenzt.

Symphytum
Aus dem Kraut Symphytum officinale hergestellt, regt es Knochenbrüche zum Heilen an.

Urtica Urens
Aus Brennessel hergestellt, wird es zur Behandlung schmerzhafter Hautreizungen und -ausschläge benutzt.

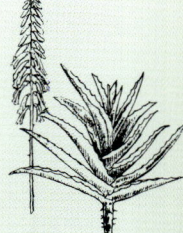

Register

Seitenzahlen in **Fettdruck** stehen für Abbildungen.

Mein Belgischer Schäferhund

Hier ist Platz für Ihr erstes Welpenfoto!

Name des Hundes _____

Datum _____ **Fotograf** _____